진짜 어른이 되는 시간
나를 위한 그림책

프롤로그

'나'를 위한 그림책이
'당신'을 위한 그림책으로 되길

원고를 처음 쓰기 시작할 때만 해도 세상은 무척 건강했다. 도심은 사람들로 늘 활기찼고, 여행객들은 나라마다 넘쳤으며, 많은 사람이 둘러 모여 대화와 식사를 즐기는 데 아무런 문제가 없었다. 나 역시 도서관장 일로 바쁜 가운데 강연과 상담을 병행했고, 아이와 함께 혹은 아이 친구 엄마들과 이곳저곳을 놀러 다니면서 맛난 음식과 밤샘 수다로 하루하루를 즐기며 살았다.

그러나 원고를 마무리하게 될 무렵의 세상은 너무나도 무섭게 달라져 있었다. 학교에서는 등교 대신 온라인 수업을 시작했고, 회사원은 출근 대신 재택근무를 하게 되었으며, 마스크를 쓰지 않으면 일반 대중교통은 이용조차 할 수 없는 지경이 되어버렸다. 문제는 세상만 바뀐 게 아니었다. 나 역시 병이 들었다. 하루를 48시간처럼 살던 내 몸속 어딘가에 악성 종양이 자라고 있다는 걸 알게 되었다. 이 모든 일은 이 원고를 마무리할 즈음에 일어났다.

코로나바이러스로 인해 바뀐 세상에서 우리는 그저 우왕좌왕하고 있을 뿐, 그 누구도 해결책을 제시하지 못한 채 그저 지금의 일상을 지키기 위해 안간힘만 쓰고 있을 뿐이다. 나 역시 마찬가지다. 전혀 예상치 못한 진단 결과에 지금까지와 다른 생활을 마주하게 된 나 또한 마음의 안정을 찾으려 애쓸 따름이다.

그러나 건강을 잃고서야 지금껏 나 자신을 돌보지 않았다는 사실을 깨달았다. 책을 쓰고 강연과 상담을 통해 많은 사람을 만나면서 그들의 고민과 아픔을 치유해줬지만, 정작 나 자신을 돌보지 않았다는 생각이 들었다. 매일 넘치는 스케줄 가운데 잠을 아끼며 식사도 거른 채 열심히 살았었는데, 당분간은 텅 빈 일정표 속에서 치료에만 전념할 예정이다. 코로나로 인해 면회도 제한될 예정이라 한동안 다른 사람을 만날 수도 없을 것이다. 어쩌면 나를 벗 삼아 보낼 시간이 찾아온 것이리라.

코로나바이러스와 함께하는 일상과 건강 회복을 위해 힘써야 하는 내게 도움이 되는 게 뭘까 생각해봤다. 그러다 문득 '그림책'이 떠올랐다. 바뀐 일상에 책 읽는 게 버겁다는 걸 너무 잘 알기에 무겁고 딱딱한 책 대신 말랑말랑하면서도 부담 없이 읽기에는 그림책이 안성맞춤이기 때문이다.

책을 좋아하는 어른들도 그림책이라면 고개를 갸우뚱하는 사람들이 꽤 많다. 내가 그랬듯이 말이다. 그건 그림책은 아이가 읽는 책이거나 아이를 위해 읽어주는 책이라고 생각하기 때문이다. 하지만 어느 순간 난 그림책을 통해 눈물을 흘리기도 하고, 웃기도 하며, 어떨 땐 상처를 치유 받고 용기를 얻어 다시 살아갈 힘을 얻고 있었다. 정작 그림책이 필요한 사람은 아이도 아니고 다른 누구도 아닌 바로 '나 자신'이었다.

내게 있어 그림책에 대한 첫 기억은 그림책을 펼쳐 놓고

"넌 왜 글자를 가르쳐줘도 못 읽니?"라며 엄마가 화를 내던 순간이다. 지금 돌이켜보면 엄마는 그림책을 통해 내게 글자를 가르치려 했으나 엄마의 생각만큼 내가 따라가질 못하니 순간 화가 나서 내게 소리를 질렀던 것이리라. 그러나 지금도 많은 부모가 아이들에게 글자를 가르치려는 수단으로 그림책을 선택하는 게 아닐까.

그러나 엄마가 내게 그림책을 읽어주고, 이를 바탕으로 나와 대화하는 시간을 가졌다면 나는 그림책에 관한 행복한 추억이 많았을 것이다. 하지만 그런 추억이 없었던 이유는 엄마가 그림책을 통해 감동한 기억이 없기 때문이었을 것이다. 나 역시 엄마와 같은 전철을 밟을 뻔했으나, 요즘의 풍족한 그림책 덕분에 나를 발견하고 치유하고 성장할 기회를 얻을 수 있었다. 그림책을 통해 어린 시절에 읽지 못했던 그림책을 다시 읽는 시간을 보상받는 느낌뿐 아니라 그 시간을 통해 내가 진짜 어른으로 성장하는 것 같았다.

어른이 된다는 건 인생의 많은 문제를 스스로 해결해야 한다는 걸 의미한다. 그런데 문제는 전혀 예상치 못한 곳에서 일어난다. 마음의 문제, 신체의 문제, 우리 사회의 문제일 수도 있다. 그럴 때마다 우리는 자신만의 방법으로 해결책을 찾는다. 이때 가족이나 전문가의 도움을 받기도 하지만, 그 누구에게도 듣지 못한 답을 그림책에서 찾을 수도 있다.

나는 그림책이 어릴 적 글자를 배우는 수단이 아니라 어른이 되어서 조금 더 현명하게 인생을 사는 데 필요한 동반자가 되면 좋겠다는 생각에 이 책을 쓰게 되었다. 지금도 내 바로 옆에 놓인 그림책 〈소년과 두더지와 여우와 말〉의 한 구절이 입원을 앞둔 나에게 힘을 준다.

"자신에게 친절한 게 최고의 친절이야." 두더지가 말했습니다.
"우린 늘 남들이 친절하게 대해 주기만을 기다려. 그런데 자기 자신에겐 지금 바로 친절할 수가 있어."

내가 그림책에서 따뜻한 위안과 희망의 조언을 얻고 있는 것처럼 이 책을 읽는 독자들도 그림책을 통해서 세상을 살아갈 용기와 진짜 어른이 되는 시간을 선물 받았으면 좋겠다. 그래서 '나'를 위한 그림책이 이 책을 읽는 '당신'의 그림책이 되기를 바란다.

2020년 6월 임리나 드림

목차

울고 싶은 나에게

울지 못하는 어른들을 위하여, 〈내가 가장 슬플 때〉 • 016

타인을 위해 울 수 있는 진짜 어른, 〈책 씻는 날〉 • 027

가지지 못한 것에 대한 아쉬움, 〈너도 갖고 싶니?〉 • 037

웃고 싶은 나에게

웃자, 웃음은 전염되니까! 〈어느 우울한 날 마이클이 찾아왔다〉 • 050

알아야 웃을 수 있는 패러디의 재미, 〈백설 공주와 일흔일곱 난쟁이〉 • 057

마음의 여유가 웃게 만든다, 〈아름다운 책〉 • 067

상처 입은 나에게

어린 시절 추억의 상처를 치유하는, 〈내가 잡았어!〉• 078

우리는 누구에게나 상처를 준다, 〈슬퍼하는 나무〉• 086

상처를 견디는 이들에게 해주고 싶은 말, 〈씩씩해요〉• 094

용기 없는 나에게

두려움에 대한 공감에서 출발하는 용기, 〈어른이 되면 괜찮아질까요?〉• 104

혼자서 훌쩍 여행을 떠나는 용기, 〈여덟 살, 혼자 떠나는 여행〉• 113

용기는 심성에서 우러나온다, 〈모치모치 나무〉• 122

나를 알고 싶은 나에게

또 다른 나를 발견하는 과정, 〈보물〉•134

나의 죽음을 받아들일 수 있다면, 〈오필리아의 그림자 극장〉•143

세상에서 혼자가 아닌 나, 〈나는 누구일까?〉•152

일하고 있는 나에게

당신은 비정규직인가요? 〈매미〉•160

집 때문에 일한다고요? 〈나무에서 태어난 그러그〉•171

스마트하게 일하고 돈을 번다는 것, 서로 바꿔요!〉•180

사랑하고 싶은 나에게

사랑받고 싶은 당신에게, 〈우리는 당신에 대해 조금 알고 있습니다〉・190

어떤 인생을 사는가에 따라 사랑도 달라질까? 〈신데룰라〉・199

세상 사람들에게 묻고 싶은 질문, 〈사랑한다는 걸 어떻게 알까요?〉・206

새로 시작하는 나에게

그토록 새로 시작하고 싶은 것은 무엇? 〈새로운 시작〉・216

하루하루가 모여 인생이 된다, 〈빨간 나무〉・225

당신의 새로운 시작은? 〈100 인생 그림책〉・233

울고 싶은 나에게

울지 못하는 어른들을 위하여,
 <내가 가장 슬플 때>

 '울면 안 돼, 울면 안 돼, 산타 할아버지는 알고 계신대. 누가 착한 애인지 나쁜 애인지…….' 몇 년 전만 해도 크리스마스가 다가오면 거리 곳곳에서 울려 퍼지던 유명한 캐럴이다. 우리 아이도 매년 크리스마스가 다가오면 이 노래를 부르며 산타 할아버지를 기다린다. 나 역시 아이가 울 때마다 이 노래를 상기시키며 "너 자꾸 울면 산타 할아버지가 선물 안 주실 거야."라고 협박(?)을 하기도 한다.

내가 가장 슬플 때 ⓒ 마이클 로젠 글, 퀜틴 블레이크 그림, 2014, (주)비룡소

 그러나 나는 잘 알고 있다. 아이는 울어도 산타 할아버지에게 선물을 받는다는 것과, 어른인 나는 울지 않아도 선물을 받지 못한다는 사실을 말이다. 그런데 이 노래를 듣고 성장한 탓일까. 어린 시절 산타 할아버지에게 선물을 받기 위해 억지로 눈물 참던 버릇 때문에 절대 울지 않는, 붉어진 눈시울조차 창피해서 고개를 들지 못하는 어른이 되어 버린 게.

아이를 낳아 키워보면 '울음'이란 단순한 눈물 짜기가 아니라 언어를 모르는 아이의 절실한 표현이라는 걸 알게 된다. 아이는 태어나는 순간부터 울기 시작해 먹으면서도 울고, 똥을 싸면서도 울고, 엄마 품에 안겨서도 울고, 자면서도 운다. 아이의 그 울음은 어른들의 관심을 자신에게로 돌리게 만드는 훌륭한 도구인 셈이다. 오죽하면 '울지 않는 아이 젖 주랴'라는 말이 있을까.

시간이 흘러 아이의 울음이 점점 잦아드는 시기를 맞게 되는데, 이때가 바로 말을 배우는 시기이다. 아이는 자기 생각을 언어로 표현하게 되면서 자신이 원하는 걸 얻기 위해서는 언어가 울음보다 편리하다는 것을 깨닫게 된다. 많은 에너지를 쏟으며 울지 않아도 말 한마디면 상대방으로부터 자신이 원하는 걸 얻을 수 있다는 사실을 배운 아이는, 그렇게 울음을 잊은 채 어른이 된다.

하지만 우리는 어른이 되면서 얼마나 많은 울음을 참고 또 견뎠는지 잘 알고 있다. 간혹 참지 못한 울음이 터지면 남들에게 들키지 않으려고 입술을 꽉 깨물고 버틴 적도 많았음을 안다. 그러나 아주 씩씩해 보이는 어른도 어린아이처럼 누군가의 품에 안겨 울고 싶을 때가 있다는 걸 정말 어른이 되고 나서야 알았다.

여기, 정말 울고 싶은 슬픈 남자가 있다. 〈내가 가장 슬플 때〉라는 그림책은 제목과 달리 주인공의 웃는 얼굴로 이야기가 시작된다. 주인공은 자신의 슬픈 모습을 사람들이 싫어할 수도 있으니 행복한 척 웃고 있는 거라고 말한다. 그렇다. 어른인 우리는 눈물을 흘리거나 우는 모습이 상대방에게 호감을 주지 못한다는 사실을 너무나도 잘 알기에 속마음과 달리 억지로 웃을 때가 참 많다.

이 책의 주인공은 하늘나라로 가버린 사랑하는 아들을 생각할 때 가장 슬프다. 설상가상으로 주인공의 어머니마저 세상을 떠나고 없어 두 배의 슬픔을 겪고 있는 상태다. 여기까지만 보면 아들과 어머니를 잃은 주인공의 슬픔을 담은 그림책 정도로 생각할 수 있다. 게다가 그림책이라서 슬픈 소재라도 다소 가볍거나 우화적인 슬픔이 등장하리라 생각했던 나는, 이 책을 읽고 뒤통수를 한 대 맞은 느낌이었다. 심지어 작가의 실화를 소재로 했다는 사실을 알고 읽는 내내 마음이 먹먹했다.

나는 이 책을 읽으면서 또 하나의 그림책을 떠올렸다. 엄마를 잃은 아이의 이야기를 담은 〈무릎 딱지〉(샤를로트 문드리크 저, 2010, 한울림어린이)라는 그림책인데, 어느 날 갑자기 엄마를 잃은 아이가 아내와 딸을 잃어버린 아버지와 할머니를 보면서 자신의 슬픔을 추스르게 된다는 내용을 담고 있다. 〈내가 가장 슬플 때〉, 〈무릎 딱지〉라는 이 두 가지 그림책은, '그림책은 가볍고 밝은 이야기만 있다.'는 나의 편견을 깬 책이기도 하다. 디즈니 영화에서 죽음이나 새드 엔딩을 만들지 않는다고 한 것처럼 그림책을 직접 읽어보기 전까지 이렇게 슬픈 이야기가 전개되리라 상상조차 하지 못했다.

주인공은 슬픔 속에서 허우적거리기도 하지만 슬픔을 이겨내려고 여러 가지 시도를 한다. 샤워하면서 소리를 지르기도 하고, 되도록 즐거운 일을 하려 노력하고, 슬픔에 관련된 시를 쓰기도 한다. 그리고 구체적으로 표현되어 있지 않으나 너무 슬퍼서 나쁜 짓을 할 때도 있었다. 사람이 감당할 수 없는 슬픔을 겪게 되면 알코올에 의존하거나 스스로 자해하는 일도 있으니 아마도 그런 이야기를 간접적으로 언급한 것이 아닌가 싶다.

그렇게 시간을 보내던 어느 날, 주인공은 아들 에디와 어머니 그리고 자신이 다 함께 행복했던 순간이 언제였을까 곰곰 생각하다가 생일을 떠올린다. 생일만큼 행복한 날이 어디 있을까. 생일을 축하하기 위해 많은 사람이 모여 선물과 케이크와 촛불로 하나가 되었던 그 날. 온 가족이 함께 모여 있는 장면의 페이지를 넘기면 단 한 개의 촛불만 켜져 있는 책상 앞에서 주인공이 펜을 들고 앉아 있는 모습이 나온다. 여전히 슬픈 얼굴인 채.

내가 다니는 독서 모임에서는 주인공이 슬픈 얼굴을 한 채 펜을 들고 있는 이 마지막 페이지에 대한 의견이 양분됐다. 주인공이 혼자 글을 쓰고 있는 이 장면이 너무 슬프다는 사람과, 그와 반대로 주인공이 슬픔을 극복한 것 같다는 사람들. 나는 후자 쪽이었다. 그 이유는 주인공 남자가 펜을 들고 있었기 때문이다. 자신만의 슬픔을 극복하는 방법을 주인공이 찾았다고 생각했다. 그 방법은 바로 글을 쓰는 것이다. 몇 년 전 대학원을 다닐 때 '글쓰기 치료 수업'을 들은 적이 있다. 이미 작가로 책을 쓰고 있던 나에게 글쓰기 치료 수업이 얼마나 효과적일까, 하는 의구심도 있었지만, 나의 개인적 얘기를 쓰면서 글쓰기 치료 수업에 빠져들었다.

사람들은 글을 쓸 때 잘 쓰는 것만 생각할 뿐 의식의 흐름대로 쓰거나 솔직한 자기 얘기를 쓰는 것에 대해서는 미처 생각하지 못한다. 다시 말해 글을 쓰면서도 타인을 의식하고 또 어떻게 자기 자신을 잘 표현할까 생각하느라 정작 자기 자신을 솔직히 드러내지 못하고 있다. 그렇지만 진짜 좋은 글이란 자기 자신에게 솔직한 글이라는 걸 우리는 잘 알고 있다. 나는 알면서도 미처 실천하지 못했던 솔직한 글쓰기를 통해 나의 상처를 치유할 수 있었다.

또 글을 쓰는 방법 중에 인상적이었던 방법은 눈을 감고 글을 쓰는 것이었다. 눈을 뜬 채로 글을 쓰다가 아무것도 보이지 않는 상태에서 글쓰기라니 말 그대로 신기한 경험이었다. 오타도 엄청나고 문장 역시 말이 안 되지만 그 속에서 보이는 나의 가공되지 않은 마음들이 오히려 신기했다.

내가 쓴 글 중 많은 이야기가 헤어진 전 남편에 관한 이야기라는 걸 대면하고 - 그때 당시 막 재혼을 한 상태였는데, 나는 재혼만 하면 이혼의 상처는 극복되는 것으로 생각했다. - 나 스스로가 아직 지난 결혼에 대해 정리하지 못했다는 사실을 깨달았다. 의식의 흐름대로 글을 쓰는 동안 내가 지닌 상처의 근원에 대해서 알게 되었고, 상처난 마음을 치유할 수 있었다. 무엇보다 자신의 상처를 극복하기 위한 방법은 다른 누군가가 대신해줄 수 없고 자기 스스로가 찾아야 한다는 걸 깨닫게 된 소중한 계기였다.

또 다른 기법으로 나흘 동안 정해진 시간에 15~20분 동안 무조건 글을 써야 하는 방법도 있다. 하루라도 거르게 되면 다시 처음부터 시작해야 하는 다소 까다로운 기법이다. 시작하기 전에는 이게 뭔가 싶었는데 막상 해보고 나니 신기하게도 나흘 전보다 나의 스트레스 수치가 내려갔음을 확인할 수 있었다. 스트레스 수치를 낮춰준다는 것은 정신적 치유로 인해 신체의 면역체계를 강화한다고 볼 수 있다.

진짜 어른이 되기 위해서는 슬픔을 극복하는 자신만의 방법을 찾아야 한다. 〈내가 가장 슬플 때〉의 주인공이 '작가'라서 글쓰기로 슬픔을 극복할 수 있었던 건 아니라고 생각한다. 누구에게나 글쓰기는 슬픔을 치료하는 데 도움이 된다. 어쩌면 밤새 연애편지를 쓰고 아침에 막상 부치려고 보면 부끄럽게 느껴졌던 경험도 잠 못 이룰 정도의 애틋함을 글쓰기로 치유했던 과정일 수도 있으니 말이다.

오늘부터라도 기회가 된다면 펜을 들고 아무 이야기나 쓰기 시작해보자. 남들에게 보여주기 위해 쓰려는 글이 아니라 자신의 내면을 있는 그대로 쓰는 글은 슬픔을 극복할 수 있는 진짜 어른으로 만들어줄 것이다. 진짜 어른이란 울지 않는 사람이 아니라 실컷 울고 나서 그 슬픔을 극복할 수 있는 자신만의 방법을 찾은 사람이라 할 수 있다.

 〈내가 가장 슬플 때〉

마이클 로젠 글 | 퀜텐 블레이크 그림 | 2014 | (주) 비룡소

곰을 잡으러 숲을 지나 강을 건너 동굴로 갔다가 막상 곰을 보고는 놀라서 집으로 돌아와 다시는 곰을 잡으러 가지 않겠다고 한, 〈곰 사냥을 떠나자〉로 유명한 마이클 로젠의 책이다. 자식을 잃은 슬픔이, 부모를 잃은 슬픔이 쉽게 극복되지 않겠지만 앞으로 살아가려는 주인공의 의지가 보여서 나는 마음 놓고 책장을 덮을 수 있었다.

타인을 위해 울 수 있는 진짜 어른,
<책 씻는 날>

사람은 슬퍼서 울기도 하지만 기쁨의 눈물을 흘리기도 한다. 또 타인을 위해서 기꺼이 눈물을 흘리기도 한다. 나 자신뿐만 아니라 타인을 생각하고 또 사회와 인류를 생각하는 마음이 없었다면 진즉에 인류는 멸망했을 것이다. 치열한 정글의 세계에서 인간이 먹이사슬 맨 위에 올라설 수 있었던 이유 역시 인간과 인간의 상호 협력에 있다.

특히 아이들은 자신의 본능에 따라 눈물을 흘리지만 성

책 씻는 날 ⓒ 이영서 글, 전미화 그림, 2011, 학고재

장할수록 타인의 슬픔에 공감하는 눈물도 흘리게 된다. 어느 날, 이웃집 여자가 찾아와 내게 남편으로 인해 생긴 속상함을 호소하며 눈물을 흘리는데, 옆에서 그 얘기를 듣고 있던 다섯 살 딸아이가 같이 눈물 흘리는 걸 본 적이 있다. 아이들도 그 정도의 나이가 되면 다른 사람의 슬픔에 공감하는 능력이 생긴다는 사실을 그때 알게 됐다,

인간의 공감 능력은 감동으로 이어진다. 그래서 우리는 영화를 보거나 책을 읽을 때, 다큐멘터리를 볼 때 많은 눈물을 흘린다. 한번은 주위 사람들에게 그림책을 읽고 눈물 흘린 적이 있냐고 물어봤다. 그때 나는 의외의 대답을 듣고 깜짝 놀란 적이 있다. 바로 〈책 씻는 날〉이라는 그림책을 읽고 눈물 흘린 사람들이 꽤 있다는 사실에 말이다.

나도 그 책을 읽고 감동의 눈물을 흘렸지만, 딱히 슬픈 내용도 아닌데 왜 눈물이 날까 의아했던 책이기도 했다. 그런데 이런 느낌을 나뿐만 아니라 다른 사람들도 느꼈다는 게 내게는 의외였다. 아마도 그 책을 읽고 많은 사람이 눈물을 흘린 까닭은, 그 책의 주인공인 몽담이의 노력에 감동했기 때문이 아니었을까.

〈책 씻는 날〉의 주인공은 '몽담'이라는 어린아이다. 몽담이는 열심히 글을 배우지만 좀처럼 진도가 나가지 않는다. 오히려 어깨너머로 배운 하인이 먼저 글을 외울 정도이다.

"제 평생 몽담이처럼 둔한 아이는 처음 봅니다. 백 번, 천 번을 읽어도 뜻을 깨치기는커녕 첫 구절조차 외지 못해요. 몽담이 글 읽는 소리에 따라다니는 종놈조차 그것을 욀 지경인데 바보가 아니고서야… 쯧쯧."

몽담이는 이런 이야기를 듣는 아이였다. 그러나 몽담이의 아버지는 주위 사람들에게 "아이가 둔하지만 그래도 포기하지 않고 노력하는 모습을 보면 대견스럽다."라고 말한다. 그리고 포기하려는 몽담이에게 "노자를 만나는 신기한 꿈을 꾸었기에 '꿈 몽'자와 노자의 다른 이름인 '담'을 따서 '몽담'이라고 지었으니 학문에 이름을 떨칠 것"이라며 격려한다. 이에 몽담이는 백번 천번 아니 일억 번이라도 읽어 뜻을 깨치겠다 결심하고 날마다 열심히 책을 읽는다.

그런 몽담이에게 '책씻이' 날이 돌아왔다. '책씻이'라는 단어가 다소 낯설어 보이지만 '책거리'라고 하면 쉽게 이해할 것이다. '책씻이'는 책의 내용을 다 외우면 훈장님과 친구들 앞에서 그 암기한 부분을 발표한 후 그 책을 후

배에게 물려주는 일종의 이벤트인 셈이다.

몽담이는 떨리는 마음으로 훈장님이 외워보라는 글귀를 천천히 그리고 또박또박 외워 나간다. 좀 더듬거리기는 했지만 한 글자도 틀리지 않고 다 외웠다고 생각한 순간, 훈장님께서 "너는 책씻이가 불가능하다."라고 말하는 게 아닌가. 그 순간 몽담이는 스스로 바보 멍청이라며 자책하기 시작한다. 그때 훈장님께서 몽담이에게 그 이유에 대해 말씀하신다. 보통 후배들에게 책을 물려주려면 깨끗해야 하는데, 몽담이의 책은 너덜너덜해져 있어 도저히 후배들에게 물려줄 수가 없다는 뜻이었다고. 이는 몽담이가 책을 너무 열심히 봤다는 반증이기도 하다.

한편, 훈장님은 '책씻이'를 끝낸 아이들에게 한자 한 글자씩을 써서 조언을 남겨주는데, 몽담이에게는 '無(없을 무)'라는 한자어를 써준다. 몽담이는 '無'라는 글자를 보고 자신이 무식쟁이란 뜻인가 하고 깜짝 놀라는데, 훈장님께서 뜻밖의 얘기를 들려준다.

훈장님은 어릴 적 책씻이를 할 때마다 '勤(부지런할 근)'이라는 글자를 받았다고 한다. 그 당시 어린 훈장님의 훈장님께서 서툰 제주만 믿고 번번이 꾀를 부리니 이루는 것이 없음을 걱정하신 글자였다고. 그런데 오늘의 몽담이를 보니 자신이 왜 '勤'이라는 글자를 받았는지 알 것 같다고. 누구보다 열심히 그리고 부지런히 글을 익혔던 몽담이에게는 더 바랄 게 없어서 '無'라는 한자를 쓴 것이라고 한다. 그제야 그림책 표지에 왜 어린아이가 '無'라는 한자를 들고 있는지 알 수 있었다. 그리고 무심코 표지에서 봤던 '無'의 의미를 알게 되자 감동과 함께 눈물이 흘렀다.

우리는 자신이 도저히 이룰 수 없을 것 같은 일을 포기한 적도 있고, 끝까지 밀어붙인 적도 있다. 그리고 다른 사람의 도전을 아낌없이 응원한 적도 있을 것이다. 기어코 그 일을 해냈을 때 우리는 아낌없이 손뼉을 치면서 감동의 눈물을 흘린다. 〈책 씻는 날〉은 조선 시대 최고의 책벌레 김득신 시인의 실제 이야기라고 한다.

"재주가 남보다 못하다고 해서 스스로 한계를 짓지 마라. 나보다 노둔한 사람도 없겠지만 결국에는 이룸이 있었다. 그러니 힘쓰는 데 달려 있을 따름이다." - 김득신의 묘비에 새겨진 글 중에서

몽담이와 같은 아이만이 아니다. 어른도 자신이 불가능하다거나 어렵다고 생각했던 일을 다시금 도전해서 성취할 때가 있다. 내게는 자전거가 그랬다. 어릴 때부터 몸이 둔했던 나는 운동을 잘하지 못했다. 그래서 무엇이든 금방 배우지 못했는데, 끝끝내 배우지 못하고 포기했던 것이 바로 자전거였다. 아버지는 물론 남동생마저도 몇 번 가르쳐주다 포기하고 말았다.

그런데 스물넷 대학을 졸업하고 일본으로 어학연수를 갔는데, 그곳에서는 자전거를 타지 않으면 생활이 여간 불편한 게 아니었다. 집에서 역까지의 거리도 멀고, 또 전철 한 정거장 정도는 자전거로 다니는 게 시간적 · 경제적 이득이기도 했다. 그러나 나는 자전거를 타지 못했다. 그때

나는 선택의 길에 서 있었다. 자전거를 배울 것인가, 아니면 자전거를 배우지 않고 이 모든 불편을 감수할 것인가.

어렸을 때 자전거를 배우지 못했다는 좌절감과 진짜 배울 수 있을까 하는 자신감도 그 당시에는 없었다. 사람들은 자전거 배우는 게 쉽다고 했다. 누군가 뒤에서 몇 번 잡아주다가 손을 놓으면 자연스럽게 탈 수 있는 것이 바로 자전거라고. 그렇게 누구나 쉽게 배울 수 있는 자전거가 나에겐 왜 그리도 어려웠을까.

일단 중고 자전거를 샀다. 자전거를 샀으니 타지 않으면 안 된다는 당위성을 스스로 만든 뒤 매일같이 연습을 했다. 남들은 하루 혹은 한두 시간만 해보면 금방 배운다는데, 나는 온종일 자전거만 붙들고 씨름했다 해도 과언이 아닐 정도로 연습했건만 여전히 어려웠다. 그렇게 일주일가량 땀 흘리며 자전거와 사투를 벌이던 어느 날, 드디어 혼자서 자전거를 탈 수 있게 되었다.

막상 타고 보니 원리는 간단했다. 가장 중요한 건 균형감각이었는데, 이 균형을 잡기 위해 손과 다리를 어떻게 움직여야 하는지 알고 나니 그다음부터는 모든 게 쉬웠다. 혼자서 자전거를 탔을 때의 기쁨은 이루 말할 수가 없었다. 남들에게는 쉬운 일이었지만 내게는 죽기 살기로 노력해야 하는 일이었고, 막상 성공하고 나니 남들보다 몇만 배는 더 기뻤다.

〈책 씻는 날〉의 몽담이를 보면서 죽기 살기로 배웠던 자전거에 대한 기억이 떠올랐다. 어려워서 포기했지만, 다시 노력하면 할 수 있다는 이야기는 비단 아이들에게만 해당하는 건 아니다. 어른이 되어서도 마찬가지다. 자신이 이루고자 하는 것을 향해 열심히 노력하는 사람들의 모습은 감동적이다. 그리고 그런 사람들을 보며 우리는 격려의 박수와 함께 감동의 눈물을 흘린다. 그리고 그 눈물은 안타까움이나 동정이 아니라 '박수'와 같은 응원의 의미이기도 하니까.

 〈책 씻는 날〉

이영서 글 | 전미화 그림 | 2011 | 학고재

요즘처럼 책이 흔하지 않던 시절, 책을 다 익힌 사람이 후배들에게 책을 물려주는 '책씻이'라는 과거 전통을 소개하는 책이지만, 주인공인 몽담(김득신)이 책을 익히기 위해 노력하는 과정이 감동적으로 그려졌다. 열 살에 글을 깨우치고, 스무 살에 첫 글을 짓고, 쉰아홉 살에 과거에 급제한 김득신의 실제 이야기를 바탕으로 한 이 책은, 어렵다고 미리 포기하지 않고 끝까지 최선을 다하는 주인공의 모습이 많은 사람에게 감동을 준다. 특히 이영서 작가의 맛깔나는 글솜씨와 전미화 작가의 독특한 그림이 만나 훌륭한 그림책이 탄생했다.

가지지 못한 것에 대한 아쉬움의 눈물,
<너도 갖고 싶니?>

어느 날 길을 가던 중 아이가 인형 뽑기 기계 앞에 서서 인형을 뽑고 싶어 하기에 "네가 가진 돈으로 뽑아봐."라고 했다. 어차피 몇 번의 시도로는 어림없다는 걸 알았지만, 내가 돈을 주게 되면 계속 달라고 할 게 뻔해서 처음부터 아예 본인의 돈으로 하라고 하면 어쩌나 보려고 조건부 허락을 해준 것이다. 아이는 돈을 계속 넣어도 인형이 나오지 않자 울상이 되어서는 급기야 울음보를 터트렸다. 자신의 돈이 바닥나는 것을 보며 멈추기는 했지만, 좀처럼 소유하지 못한 억울함이 가시지 않는지 계속 울기만 했다.

그때 나는 돈을 주고도 가질 수 없는 그 도박(?) 같은 기계 원리에 대해 아이에게 열심히 설명했지만, 아이는 그저 자신의 돈을 집어삼킨 기계에 대한 분노와 자신의 손에 아무 인형도 들리지 않은 게 억울하기만 한 모양이었다. 아마 아이는 몇 번의 시도만 하면 당연히 인형을 손에 넣으리라 생각한 듯하다. 그러나 자신의 기대와 달리 아무것도 얻지 못한 그 아쉬움이 눈물로 쏟아져 나오고 있었다.

우리 모두는 가지지 못한 것을 열망한다. 그것은 아이나 어른이나 똑같다. 다만, 가지고자 하는 대상이 달라질 뿐 그 소유욕은 사라지지 않는다. 하지만 어른이 되면 어렸을 때보다 원하는 것을 소유하기가 더 어려운 게 사실이다. 아이들이 원하는 것은 어른들에게는 아주 사소해 보이는 것들이다. 장난감이나 학용품, 먹을 것 등. 그런데 어른이 갖고 싶은 건 조금 더 넓은 평수의 아파트, 조금 더 좋

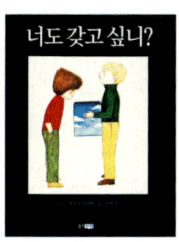

너도 갖고 싶니? ⓒ 앤서니 브라운 글·그림, 2008, 웅진주니어

은 새 차, 조금 더 좋은 물건을 원한다. 남들이 동남아 여행을 가면 나는 유럽 여행이 가고 싶은 것처럼 남들보다 조금 더 좋은 것을 원하고 원한다.

대부분 사람은 소유욕 때문에 사는 동안 수많은 갈등을 겪는다. 그럴 때마다 인간의 기본 욕구 중 하나인 소유욕을 없애거나 줄이라고 말하지만, 사실 말처럼 그리 간단한 문제가 아니다. 나는 그 이유를 〈너도 갖고 싶니?〉라는 그림책을 보면서 깨달았다. 인간의 소유욕이란 대상을 가리지 않기에 절대 간단한 문제가 아니라는 사실을.

작가 앤서니 브라운의 〈너도 갖고 싶니?〉라는 책은, 표지에 등장하는 아이부터 불공평해 보인다. 한 아이는 멋진 보물 상자를 든 채 잘난 척을 하고 있고, 맞은 편 아이는 그 상자를 들여다보며 그 안의 것을 '갖고 싶어 하는' 것 같은 표정을 짓고 있다.

주인공인 샘은 산책을 하다가 친구 제레미를 만난다. 제레미는 샘에게 자신의 자전거를 자랑하며 묻는다. "너도 갖고 싶지?" 그러나 샘은 대답하지 않고, 제레미는 자랑하던 자전거를 타다 넘어지고 만다. 이에 그치지 않고 제레미의 자랑은 이어지는데, 이번에는 새로 산 축구공 자랑이다. 샘과 함께 축구를 하지만 – 샘이 제레미보다 축구를 더 잘한다. – 제레미 실수로 다른 집 유리창을 깨고 만다. 다음에는 막대사탕을 가지고 나타난 제레미. 이번에도 샘에게 "너도 먹고 싶지?"라고 묻지만 결국 혼자 다 먹고 나서 배탈이 난다.

한편, 샘은 제레미의 여러 자랑에도 아랑곳하지 않고 숲으로 간다. 가는 도중에도 제레미의 자랑은 멈추지 않는다. 해적 옷과 모자, 칼, 총을 잔뜩 들고는 "너도 갖고 싶지?"라고 자랑하지만 샘은 "아니, 천만에."라고 당당하게 대답한다. 곧이어 제레미는 숲에서 진짜 해적들을 만나 물에 빠지게 되고, 이를 샘이 구해준다. 이때 제레미는 샘에게 또 한번 묻는다. "우리 아빠가 오후에 동물원에 데려간다고 했단 말이야. 너도 가고 싶지?"

나는 이 페이지에서 읽기를 잠시 멈췄다. 그동안 제레미가 자랑한 것은 물건이었는데, 마지막으로 샘을 약 올린 건 다름 아닌 '아빠'였다. 이를 통해 샘에게 아버지가 없다는 걸 추측할 수 있었다. 제레미는 자신이 아무리 놀려도 끄떡하지 않던 샘이 그동안 미웠을까?

처음부터 제레미는 나쁜 아이, 샘은 착한 아이라 생각하고 책을 읽던 나는 다시 생각해 보았다. 샘은 모든 면에서 제레미보다 뛰어났다. 축구공이 없어도 축구를 잘하고, 자기를 놀리던 친구마저 구해주는 착한 성격의 소유자였다. 그렇다면 열등감을 느끼고 있던 건 누구였을까? 모든 것을 다 가진 듯해도 막상 아무것도 없는 샘을 이기지 못하는 제레미의 마음은 어땠을까. 그래서 제레미는 샘이 가지지 못한, 그리고 앞으로도 가질 수 없는 '아빠'를 끌어들인 걸까?

나는 여기서 샘의 반응이 궁금했다. '너도 갖고 싶지?'라고 했을 때 강하게 '아니.'라고 말했던 샘이 '너도 (아빠와 놀러) 가고 싶지?'라는 질문에 어떻게 답을 할까. 그 뒤 페이지를 보니 뒤돌아보고 있는 샘의 모습과 함께 '하지만 샘은 듣고 있지 않았답니다.'라는 문장으로 그림책은 끝났다. 샘은 제레미의 마지막 말을 외면하고 만 것이다. 왜

냐면 샘은 괜찮지 않았으니까. 다른 건 다 없어도 되지만 아빠가 있었으면 좋겠다는 게 샘의 바람 아니었을까.

실제로 〈너도 갖고 싶니?〉의 작가 앤서니 브라운은 열일곱 살에 아버지를 여의었고, 평생 아버지에 대한 그리움이 컸다고 한다. 나 역시 지금 생각하니 열일곱 살이면 아직 어린 나이라 아버지를 잃은 상실감이 컸으리라 짐작된다. 우리는 부모의 존재를 아주 당연하게 여기지만 우리 주변에는 부모의 부재(不在)를 경험하는 아이들이 많다. 어머니 혹은 아버지가 없는 아이, 양친 모두가 없는 아이 등. 그런 아이들이 겪는 상실감이란 겪어보지 못한 사람은 아마 짐작하기 어려울 것이다.

우리는 유년 시절의 부모 부재만이 아니라 어른이 되어서도 사람에 대한 부재를 경험한다. 친구가 없던 학창 시절, 대인 관계가 불편한 직장 생활, 결혼적령기가 지나도 적당한 배우자를 찾지 못하는 등. 어쩌면 우리 인간의 소유욕 혹은 집착은 물건보다 사람에 있는지도 모르겠다. 아빠가 없는 아이는 아빠 있는 아이를 부러워하고, 친구가 없는 아이는 친구가 많은 아이를 부러워하고, 애인이 없는 사람은 애인 있는 사람을 부러워한다. 가지고 싶은 물건은 돈을 모으면 살 수 있지만, 사람을 얻는 일이란 그리 쉽지 않기 때문이다.

특히 부모는 한번 잃으면 두 번 다시 얻을 수 없는, 영원히 상실하는 존재이다. '우리 아빠가 오후에 동물원에 데려간다고 했단 말이야. 너도 가고 싶지?'라는 제레미의 마지막 질문을 듣지 않고 있는 샘. 어쩌면 샘은 울고 있느라 듣지 못한 건 아니었을까.

내가 살면서 가장 많은 눈물을 흘렸던 때는 아버지가 돌아가셨을 때였다. 그때 몇 달을 눈물로 보냈는지 모른다. 소중한 것을 잃었다는 상실감 때문에 우는 것은 당연하다. 이는 나뿐만이 아니다. 인간이라면 소중한 가족을 잃는 경험을 누구나 하게 된다. 그런 일이 생기면 우는 것

밖에는 방법이 없다. 하지만 이때 흘리는 눈물은 상실감을 이기고 이 세상을 다시금 힘차게 살아갈 또 다른 힘을 준다. 오히려 울지 못하는, 아니 울지 않으려는 마음이 상황을 더 힘겹게 만들기도 한다.

인형 뽑기에서 돈만 날리고 인형을 뽑지 못해 울던 아이는 나와 협상을 하기 시작했다. "엄마, 나 착한 일 할 때마다 100원씩 주면 안 돼?" 아이는 자신이 상실한 것을 만회할 방법을 찾은 모양이었다. 나는 아이가 계속 울지 않고 무엇이라도 생각해낸 것이 기특해서 흔쾌히 그러기로 약속했다. 그러자 아이는 울음을 그치고 저녁을 먹기 시작했다. 아이는 아직 아무것도 손에 넣지 못했지만, 다시 손에 넣을 수 있다는 희망으로 마음의 안정을 찾은 것 같다.

어른들도 한바탕 울고 나면 희망이란 걸 새롭게 품기 시작하지 않을까 싶다. 만약 울지 않으려 애쓴다면 희망을 가질 기회조차 스스로 날려버리는 일이 될 수도 있을 것이다. 그러니 어른이 되어서 마음 놓고 소리 내어 울어도 괜찮다. 실컷 울고나서 스스로 울음을 그칠 수 있을 때 희망은 저 멀리서 찾아올 테니까.

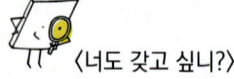 〈너도 갖고 싶니?〉

앤서니 브라운 글·그림 | 2008 | 웅진주니어

앤서니 브라운은 너무도 유명한 그림책 작가이다. 그림책에 대해 잘 모르는 사람도 앤서니 브라운의 이름은 알고 있으며, 본인도 모르게 작가의 책을 몇 권 읽은 적이 있을 정도다. 그래서 오히려 일부러 찾아 읽지 않았는데, 어느 날 우연히 〈너도 갖고 싶니?〉라는 책을 읽고 앤서니 브라운의 매력에 빠지게 되었다. 우화적이고 세밀한 그림도 인상적이지만, 그 안에 담긴 이야기의 깊이는 아이들만이 아니라 어른들에게도 감동적으로 다가오기 때문이다. 이 책이 상실을 다루었다면 계층을 다룬 〈나와 너〉라는 그림책도 어른들에게 추천하고 싶다.

웃고 싶은 나에게

웃자, 웃음은 전염되니까!
<어느 우울한 날 마이클이 찾아왔다>

책 표지를 보자마자 마음이 환해지는 책이 있다면? 나는 전미화 작가의 <어느 우울한 날 마이클이 찾아왔다>라는 그림책을 서슴없이 꼽고 싶다. 마이클로 연상되는 실루엣의 공룡이 커다란 카세트 플레이어를 들고 서 있는 그림책의 표지는 보기만 해도 입꼬리가 올라간다.

<어느 우울한 날 마이클이 찾아왔다>라는 그림책에서

어느 우울한 날 마이클이 찾아왔다 ⓒ 전미화 글·그림, 2017, 웅진주니어

중요한 키는 카세트 플레이어다. 요즘 아이들은 카세트 플레이어를 모른다. 하지만 우리 세대에게 카세트 플레이어는 향수를 불러일으키는 아주 중요한 소품이다. 카세트 플레이어에서 흥겨운 노래가 울려 퍼지면 자리에서 벌떡 일어나 디스코 추던 시절이 막 떠오르는 것처럼. 학창 시절 소풍 갈 때 제일 먼저 챙기고, 수학여행지에서도 빠지지 않던 게 바로 카세트 플레이어였다.

마치 학창 시절의 그 추억을 소환하는 듯한 이 그림책은 누군가 요란하게 초인종을 눌러대는 것으로 시작된다. 첫 페이지에는 '딩동'. 그래도 반응이 없자 다음 페이지 한가득 '딩동딩동 딩동딩동~~'이라고 쓰여 있다. 드디어 문을 열고 나온 여자는 카세트 플레이어를 든 공룡을 보고 '공룡 접근금지'인 거 모르냐고 따진다.

그러자 공룡은 여자에게 당신이 우울하다는 소식을 듣고 왔다고 말한다. 그것도 직접 들은 게 아니라 한 사람, 두 사람, 세 사람 등등 여러 명을 거쳐서 들었다고 한다. 그리고 대뜸 춤을 추기 시작하는 공룡. 들썩들썩. 공룡의 춤을 보고 있던 여자는, 자기도 왕년에 춤 좀 췄다며 공룡과 함께 춤을 추기 시작한다(이 흥겨운 춤 장면은 페이지가 접혀 있어 넓게 펼쳐볼 수 있다).

공룡과 함께 한참 춤을 추던 여자는 다른 사람 집의 초인종을 누른다. 그리고 공룡과 같이 춤을 추러 왔다고 말한다. 우울한 마음 때문에 방구석에 처박혀 있던 여자가 밖으로 나와 춤을 추다가 다른 사람에게도 춤을 권한다는 내용이다.

나는 사람들에게 묻고 싶다. '당신은 웃으려고 노력한 적이 얼마나 있나요?'라고. 우리나라에서 가장 웃긴 사람들이라고 할 수 있는 개그맨들의 쇼인 '컬투쇼' 공연을 보러 간 적이 있다. 그때 흔하지만 딱 그 사람들이 하면 어울릴 것 같은 말을 들었다.

"행복해서 웃는 게 아니라 웃어서 행복한 거라고요."

나는 그 말을 믿는다. 사람들은 마음이 행복해야만 웃을 수 있다고 생각하지만 반대의 경우도 많다. 왜냐면 마음이 행동을 바꾸기도 하지만 행동이 마음을 바꾸기도 하기 때문이다. 그래서 나는 일부러 웃으려고 노력한 적이 많다. 실제로 노력해서 웃고 나면 행복한 마음이 든다. 정말로.

내 나이 서른넷. 이혼 후 일본에서 직장 생활을 할 때 참 많이 외로웠다. 그 당시 나는 억지로라도 웃기 위해 매주 한국에서 방영하는 〈개그콘서트〉를 녹화해 월요일 퇴근 후 꼬박꼬박 챙겨 보았다. 나의 이런 행동은 고국에 대한 그리움이기도 했지만, 무엇보다 나 자신이 웃기 위해서였다. 웃고 나면 남은 일주일을 즐겁게 보낼 수 있는 기운을 얻는 것 같았다.

나라마다 유머 감각이 다르다는 것도 그때 처음 알았다. 일상생활이 가능할 정도의 일본어를 구사해도 일본의 개그 프로그램보다 우리나라 개그 프로그램이 훨씬 더 재밌다. 인간의 보편적 정서에 호소하는 영화나 드라마는 국적 불문하고 쉽게 이해되고 공감되는 반면, 희한하게 코미디만은 우리나라 것이 내게는 최고라는 걸 그 당시에 알게 되었다.

지금 생각해 보면 그 당시 개그 프로그램을 보면서 나의 우울함을 떨치기 위해 마이클을 찾고 있었던 건 아니었을까. 이 책에 나오는 '마이클'은 공룡의 이름이기도 하지만, 책의 마지막 페이지를 읽고 나니 누군가의 이름이기보다는 우리를 웃게 하는 게 바로 '마이클'이었던 것 같다. 어쩌면 우울한 날 찾아오는 마이클은, 밖에서 오는 것이 아니라 내 안에 있는 '흥겨움'일 수도 있겠다는 생각이 불현듯 들었다.

웃음에는 전염성이 있다. 내가 웃으면 주위 사람도 따라 웃게 된다. 이 책에서도 그랬다. 공룡이 여주인공 달보에게 춤을 보여주며 그녀를 웃게 했고, 나중에 그 둘은 또 다른 집의 초인종을 누른다. 바로 웃음이 또 다른 사람에게 전달되는 순간이다. 당신을 웃게 하는 건 어떤 '마이클'이고, 또 누군가를 웃게 하고 있는가. 지금의 내게 있어 '마이클'은 내 아이이며, 그 아이가 나를 많이 웃게 만든다. '엄마' 하고 부르며 안겨 오거나 갑자기 흥이 나서 춤추며 노래하는 아이를 보면서 나는 웃는다. 그리고 그 즐거움에 이렇게 글을 쓰고 있다.

〈어느 우울한 날 마이클이 찾아왔다〉

전미화 글·그림 | 2017 | 웅진주니어

그림책 모임에서 이 책을 읽어주면 단박에 "이거 애들 책 아니죠?" 하는 반응이 제일 먼저 나온다. 이 그림책은 아이들을 위한 것이 아니라 어른, 즉 나를 위한 것일 수도 있다는 생각을 갖게 만든다. 더구나 휴대용 카세트테이프의 음악에 맞춰 춤을 추던 우리 세대라면, 지금이라도 그때 그 음악 소리가 들리는 듯 추억 속에 잠기게 된다.

알아야 웃을 수 있는 패러디의 재미,
<백설 공주와 일흔일곱 난쟁이>

　나는 '성대모사'라는 단순한 흉내가 사람을 웃게 만든다는 사실이 참 신기했다. '성대모사'라는 게 본인이 할 때는 진지하고 심각한데, 다른 누군가가 그 사람의 흉내를 내면 되는 게 말이다. 사실 개그맨들만이 아니라 우리 주변에서도 다른 친구의 특성을 꼬집어 흉내 내는 친구를 볼 때면 너무 웃긴다. 물론 이런 흉내 내기에는 전제 조건이 있다. 진짜 오리지널을 알고 있어야 더 웃긴다는 것이다.

백설공주와 일혼일곱 난쟁이
ⓒ 다비드 칼리 글, 라파엘르 바르바네그르 그림, 2017, 아르볼

흉내 내는 것만으로도 재밌다고 생각할 수 있지만 오리지널, 즉 진짜를 모르고는 재미가 반감된다.

'패러디'도 이런 의미에서 성대모사와 일맥상통하다 할 수 있다. 이미 알고 있는 이야기를 살짝 비틀었을 때 박장대소를 하게 되는 것. 어쩌면 사람들은 낯선 사실로 웃기보다는 익숙한 이야기가 배경 지식이 될 때 더 쉽게 웃을 수 있지 않을까 싶다.

〈백설 공주와 일흔일곱 난쟁이〉라는 그림책 역시 유명한 백설 공주 이야기를 패러디한 작품이다. 특히 이 책의 작가인 '다비드 칼리'는 내가 아주 좋아하는 작가로, 작품마다 기발한 반전을 통해 독자의 허를 찌른다. 재미있는 책은 재미있는 책대로 반전이 있고, 슬픈 책은 슬픈 대로 반전이 있어 시간이 나면 꼭 사서 보게 되는 책의 작가 중 한 명이다.

최근에 나온 〈대단한 무엇〉(2019, 문학동네)이라는 책은 아이에게 할아버지, 할머니, 삼촌, 고모 등 위대한 가족들의 이야기를 해주면서 훌륭한 개가 되라고 한다, 그런데 알고 보니 개가 아니라 고양이였다는 반전이 참 재미를 선사한다. 어른들이 아이의 본질은 무시한 채 아이에게 무조건 '대단한 사람'이 되라고 하는 것을 비웃기라도 하는 것처럼 말이다.

아마도 진짜 백설 공주 이야기를 모르는 사람은 없을 것이다. 얼굴이 눈처럼 하얘서 백설 공주라는 이름이 붙었으며, 백설 공주의 새엄마는 이런 백설 공주의 미모를 시기해 어떻게든 죽이려고 한다. 숲으로 쫓겨난 백설공주는 일곱 난쟁이 집에 머무르게 되는데, 어느 날 새엄마가 준 독이 든 사과를 먹고 죽은 듯 잠이 들었다가 왕자의 키스로 깨어나서 왕자와 결혼한다는 내용이다.

어른의 관점에서 보면 백설 공주가 쫓겨난 뒤 일곱 난쟁이와 생활하는 장면에서 다소 의문을 갖게 만든다. 왜 하필이면 일곱 난쟁이일까. 그리고 공주는 왜 그곳에서 일곱 난쟁이를 도와주면서 집안일을 했을까. 이 근거가 되는 이야기로 '곰 세 마리와 금발 머리 소녀'라는 영국의 옛이야기가 있는데, 여기서는 숲속의 곰 세 마리가 사는 집에 들어가서 먹고 자던 금발 머리 소녀가 그 집에서 쫓겨나는 장면이 나온다. 그러나 이 이야기와 달리 백설 공주는 일곱 난쟁이와 잘 지낸다.

작가는 아마도 이런 부분이 궁금해서 〈백설 공주와 일

흔일곱 난쟁이〉라는 제목으로 책을 쓰지 않았을까. 백설 공주가 생명의 위협을 느끼고 이를 피해 숲속으로 도망치다가 들어가게 된 집은 다름 아닌 일흔일곱 난쟁이 집이었다. 일곱 명이 아닌 일흔일곱 난쟁이 집. 그리고 그 난쟁이들은 백설 공주에게 집안일을 도와달라고 부탁한다.

그러나 일흔일곱 명을 돌보는 일은 쉬운 일이 아니었다. 이름 외우기부터 시작해 빨래하기, 아침밥 짓기 등등. 이때 작가가 하나의 단서를 붙이는데 그건 바로 '난쟁이들은 착하다.'라는 거였다. 마치 난쟁이들이 백설 공주를 일부러 괴롭히려는 게 아님을 강조한 것처럼 말이다. 어쩌면 '일흔일곱'이라는 숫자는 괴로움을 표현하기 위해 내세운 숫자에 불과한 게 아니었을까. 백설 공주가 새엄마를 피하려다가 더 큰 어려움을 만났구나, 하는 생각이 퍼뜩 내 머리를 스쳤다.

이 그림책을 읽다 보면 아이를 돌보는 엄마의 피곤함을 고스란히 느끼게 된다. 일곱 명일 때는 별일 아닌 것처럼 여겨지다가 일흔일곱 명이 되는 순간, 상상조차 할 수 없는 많은 손이 필요하게 된다. 결국 백설 공주는 일흔일곱 난쟁이 집에서 도망쳐 나온 뒤 독이 든 사과를 파는 새엄마를 만나 사과 두 개를 달라고 한다. 기쁘게 사과를 먹은 백설 공주는 '왕자가 와도 절대로 깨우지 말라.'는 팻말을 붙여놓고 잠에 빠진다. 끝내 왕자는 등장하지 않지만 나름의 해피엔딩이다.

〈백설 공주와 일흔일곱 난쟁이〉는 백설 공주와 난쟁이들이 결별하는 내용을 담고 있다. 결별 이유는 백설 공주의 피곤함 때문이라는데, 이 그림책을 보면 웃음이 나면서도 공감 가는 이유는 살면서 그 무엇보다 잠이 절실하던 때가 떠올랐기 때문이다.

시험 전날 밤샘 공부를 하거나 중요한 프로젝트 준비로 철야 근무를 한 날, 또 원고 마감 때문에 밤을 꼬박 새우고 나면 푹 자고 싶다는 생각밖에 들지 않는다. 그러나 이보다 더 괴로웠던 시간은 아이를 키우며 거의 잠을 자지 못했던 때다. 지금이야 아이가 커서 밤에 자고 아침에 일어나지만, 신생아 시절에는 세 시간마다 깨서 분유를 먹이고 다시 아이를 재우느라 늘 수면 부족에 시달렸다. 몇 년 동안은 잠 부족으로 퀭해진 눈을 한 채 지냈던 기억이 아직도 선명하다.

〈100 인생 그림책〉(하이케 팔러 저, 2019, 사계절)이라는 책을 보면 서른세 살의 주인공이 아이를 안은 채 '잠이 모자라도 버티는 법을 배우게 될 거야.'라고 말하는 구절이 있다. 나는 이 말에 백 퍼센트 공감했다. 아마 아이를 키워본 엄마라면 누구 하나 빠짐없이 공감하고 자신의 초보 육아 시절을 떠올렸을 것이다.

그러나 곰곰 생각해 보면 밤잠이 부족한 사람들은 신생아를 돌보는 엄마들만이 아니다. 24시간 편의점, 야간경비원, 새벽 배송 등 사람들의 편의를 위한 시스템 때문에 오히려 잠이 부족한 사람들이 늘고 있다. 다른 사람을 위해 자신의 잠을 희생하는 사람들. 어쩌면 일곱 명이 아닌 일흔일곱 명을 돌보는 백설 공주의 피곤함을 그들이 고스란히 느끼고 있을지도 모르겠다.

난 아이를 재울 때 '밤에는 자는 거야.'라고 말하기보다 '밤에 일하는 사람들도 있어. 그래서 우리가 감사하게 편안히 잘 수 있는 거야.'라고 말해주려고 노력한다. 진짜 어른이 되면 당연한 상황을 만들어주는 사람들에게 감사한 마음을 가지는 게 자연스러운 일이 되지 않을까. 〈백설 공주와 일흔일곱 난쟁이〉에서도 나중에 백설 공주가 일흔일곱 난쟁이에게 감사해하며 돌아오지 않을까 상상해본다.

생각해 보니 '패러디'에 웃을 수 있는 건 아이가 아니라 어른이다. 배경 지식이 많아야 패러디에 웃을 수 있으니까. 그렇다면 많이 알수록 많이 웃을 수 있다는 말이 된다. 책을 읽으면 읽을수록 그 재미에 빠져 더 많은 책을 읽게 되는 것처럼. 그림책도 마찬가지다. 책의 탄생 배경을 알면 알수록 더 재미있게 느껴진다. 누구나 다 알고 있는 백설 공주 이야기가 이렇게 재미있는 이야기가 된다는 걸 〈백설 공주와 일흔일곱 난쟁이〉를 읽는 독자들과도 나누고 싶다.

 〈백설 공주와 일흔일곱 난쟁이〉

다비드 칼리 글 | 라파엘르 바르바네그르 그림 | 2017 | 아르볼

작가 다비드 칼리의 인상적인 작품을 꼽으라고 한다면 〈나는 기다립니다〉를 꼽을 수 있다. 가로로 긴 작은 책에서 빨간 실이 펼치는 인생 이야기는 읽는 이들에게 뭉클한 감동을 안겨준다. 그리고 인생은 결코 끝이 아니라 '끈'이라는 끝맺음으로 여운을 남긴다. 또 다비드 칼리의 사랑 이야기에도 재미난 반전이 숨어 있

다. 〈난 고양이가 싫어요〉, 〈어느 날, 아무 이유도 없이〉, 〈사랑이 뭐에요?〉, 〈너에게 뽀뽀하고 싶어〉 등은 읽는 사람을 설레게 한다. 어떤 책을 집어 들어도 만족스러운 이야기꾼이 바로 다비드 칼리다.

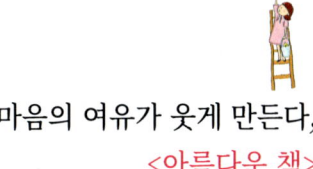

마음의 여유가 웃게 만든다,
<아름다운 책>

 만약 누군가 당신에게 '책의 용도가 무엇이라고 생각하는가?'라는 질문을 한다면 어떻게 대답할 것인가. 책의 용도 하면 가장 먼저 떠오르는 게 바로 '읽기'이다. 읽기를 통해서 지식을 쌓고, 또 저자와 간접 대화를 한다는 다소 판에 박힌 대답을 생각할지도 모르겠다. 그렇지만 조금만 더 생각해 보면 책의 재미있는(?) 용도가 많음을 알게 된다.

표지가 두꺼운 하드커버 논문이라면 냄비 받침으로 아주 훌륭하다. 보통 석·박사 논문을 쓰면 주위 사람들에게 돌리는데, 받은 논문을 그냥 책꽂이에 꽂아두거나 아니면 냄비 받침으로 잘 쓴다는 사람들 이야기다. 실제로 주변에서 사용하는 사람을 본 적도 있다. 몇 년간의 피땀 어린 연구로 완성된 논문이 고작(?) 냄비 받침으로 사용된다는 걸 알면 그 논문 저자의 기분은 어떨지 살짝 궁금하기도 하다. 그러나 모든 연구가 실생활에 요긴하게 쓰이지 못한다는 점을 참고할 때 냄비 받침은 뜨거운 물건을 안전하게 사용할 수 있게 도와주는, 삶에 도움 되는 실질적 역할을 한다고 생각할 수 있지 않을까.

종이가 귀하던 시절의 시골에서는 책을 불쏘시개로 사용하기도 했고, 두꺼운 종이나 책으로 가구를 괴어 가구 수평을 맞추기도 했다. 나는 어릴 적 종이 찢기를 너무 좋아해 부모님께서 아예 과월호 잡지를 던져주며 맘껏 찢게 했다는 얘기를 자주 들었다.

아름다운 책 ⓒ 클로드 부종 글·그림, 2002, (주)비룡소

책은 기본적으로 읽어야 한다. 그런데 두껍고 어려운 책을 읽기 시작하면 신기하게도 잠이 쏟아진다. 시험공부를 하기 위해 교과서를 펼쳤을 때 글씨는 눈에 들어오지 않고 눈꺼풀만 내려앉던 기억이 누구에게나 있을 것이다. 유명한 명작들을 한번 읽어야지, 하고 펼쳤다가 중간에 잠이 드는 바람에 끝내 읽지 못한 기억도 있을 테고.

나는 잠이 오게 만드는 이런 책들이 사람의 수면을 돕는 아주 좋은 책이라고 생각한다. 요즘 잠자리에서 스마트폰을 하느라 수면 시간을 놓치는 사람이 많다고 하는데, 그런 사람들에게 어렵고 두꺼운 책 한 권 선사해보자. 한 페이지를 읽기도 전에 잠이 빠져들 테니 말이다.

'클로드 부종'이란 작가도 책에 대해 재미있는 생각을 한 것 같다. 〈아름다운 책〉이란 그림책은, 책을 발견한 토끼 형제가 '과연 책이란 무엇인가?'에 대해 서로 이야기를 주고받으며 시작한다. 토끼 형제는 발견한 책을 보면서 자신들이 주인공이 되어 하늘도 날아다니고, 공룡도 때려눕히며, 사자와 여우도 훈련 시키는 영웅담을 보며 서로 재미있어하던 찰나, 위기 상황이 발생한다. 책에 빠져 있던 토끼 형제를 향해 여우가 다가오는 것이다. 토끼 형제는 절체절명의 위기 상황에서 책으로 여우를 때린 뒤 여우의 입에 책을 물린다. 이렇게 해서 목숨을 구한 토끼 형제는, 역시 책은 좋은 것이라며 다음에도 재미있고 튼튼한 책을 구해야겠다고 다짐한다.

사실 제목만 놓고 봤을 때는 단순히 책을 예찬해야 하는 이유를 아이들에게 알려주기 위해 쓴 책이라고 생각했다. 그러나 마지막 페이지까지 다 읽고 나니 왜 〈아름다운 책〉이라는 제목이 지어졌는지 알 것 같았다. 단순히 읽는 것으로 끝나는 게 아니라 토끼 형제의 목숨을 살려준 고마운 책 아닌가. 게다가 토끼 형제가 여우에게 책을 휘두른 건 우연이 아니었다. 책을 읽는 동안 토끼 형제는 다양한 경험 - 하늘도 날아다니고, 공룡도 때려눕히며, 사자와 여우도 훈련 시키는 - 을 통해 자신감을 키우고 있었다. 이런 자신감이 토끼 형제에게 먼저 생겼기에 여우에게 책을 휘두를 수 있었고, 또 여우의 입에 책을 물릴 수도 있었던 것이다.

〈아름다운 책〉은 '책은 단순히 읽는 것'이라는 딱딱한 생각만으로는 웃음을 줄 수도, 웃을 수도 없다는 걸 우리에게 말하고 있다. 단순한 책 읽기에서 끝나지 않고 책의 기발한 사용 용도까지 이야기한 작가의 상상력이 읽는 독자들에게 뜻하지 않는 웃음을 선사하고 있다.

어린아이들에게 책을 건네줄 때 책이 손상될까 봐 걱정하는 부모들이 꽤 많다. 엄마들 가운데서도 아이가 책 찢는 것을 걱정하고 또 책을 찢지 못하도록 혼내는 엄마들도 있다. 내가 도서관을 운영하면서 어린이집 아이들이 매주 도서관을 찾는 정기적 프로그램을 제안했을 때 책이 찢어지거나 손상될까 봐 걱정하는 목소리가 가장 컸다. 실제로 아이들이 책을 함부로 만져 프로그램이 끝나고 나면 한바탕 난리가 나기도 했다.

나는 이런 일들이 아무런 문제가 되지 않는다고 생각한다. 어지럽게 흩어진 책은 정리하면 되고, 찢어진 책은 테이프로 붙이면 되고, 그것도 어렵다면 재구매하면 된다고 생각하기 때문이다(불행 중 다행인 것은 현재 일 년이 넘도록 책이 심하게 훼손되어 재구매를 한 적은 단 한 번도 없다).

우리 아이가 어렸을 때 팝업북을 사다주면 잡아당겨서 뜯어진 책들이 꽤 많았다. 지금의 아이들을 보면 그때의 추억이 떠오르곤 한다. 지금은 아이가 커서 팝업북보다는 다른 책에 흥미를 보이지만, 책을 뜯어가며 본다는 건 그만큼 그 책에 흥미가 있던 게 아니었을까. 물론 그때는 어렵게 구한 팝업북이 찢어지는 게 몹시 속상하긴 했다. 아마 지금보다 마음의 여유가 없어서 그랬을 테지만.

사람에게 틈이 있다는 건 여유가 있다는 의미이고, 그 여유가 비로소 사람을 웃게 만든다. 책을 단순한 읽기 용도라고만 정의했다면, 토끼 형제가 책으로 여우를 내려치는 순간 '책을 이렇게 쓰면 안 되지.'라고 생각했을지도 모른다. 그러나 논문을 냄비 받침으로 쓰고, 낡은 잡지를 불쏘시개로 써본 경험이 있다면 그 장면에서 마음 편히 웃을 수 있을 것이다.

유대인들은 책이 달콤하다는 걸 자녀들에게 가르치기

위해 책에 꿀을 발라 먹게 한다는 이야기가 있다. 일본 영화 〈러브레터〉에서는 도서관에서 빌린 책이 서로의 존재를 알게 해주고, 〈세렌디피티〉라는 영화에서는 이름과 연락처가 적힌 책을 팔아서 사랑하는 사람의 손에 들어가길 바라는 장면도 있다.

비단 책만이 아니다. 마음의 여유만 있다면 웃을 수 있는 일들이 우리 주변에는 참 많다. 내가 아이였을 때 책을 찢는다고 혼났던 그 에피소드만 있었다면 우리 부모님은 그 얘기를 더 꺼내지 않았을 것이다. 그러나 과월호 잡지를 던져주며 마음껏 찢으라고 했던 우리 부모님의 그 당시 마음의 여유가 두고두고 웃을 수 있는 에피소드를 만든 것이다.

 〈아름다운 책〉

클로드 부종 글·그림 | 2002 | (주)비룡소

작가 클로드 부종은 재미있는 책을 많이 쓴 작가로 유명하다. 〈보글보글 마법의 수프〉에서는 미인이 되고 싶은 마녀가 열심히 마법의 수프를 끓여 먹었는데, 어느 날 자기와 똑같은 여자들이 복제되어 나타나면서 그 여자들 뒤치다꺼리를 하게 된다는 내용이다. 〈맛있게 드세요, 토끼 씨〉는 당근이 먹기 싫은 토끼가 다른 동물들의 먹이를 살펴보다가 토끼를 먹는 여우를 만나 귀가 뜯기게 되는데, 귀를 다시 자라게 하려면 당근을 먹는 수밖에 없다는 걸 깨닫는 내용이다. 어쩌면 클로드 부종은 이런 유머러스한 상황을 통해 '본질'을 얘기하고 있는 게 아닐까, 이야기는 재미있고, 결론은 반전과 감동이 있다.

상처 입은 나에게

어린 시절 추억의 상처를 치유하는,
<내가 잡았어!>

초등학교 시절, 쉬는 시간이나 점심시간에 친구들과 어울려 노는 게 그리 즐겁지 않았다. 이유는 간단했다. 아이들이 하는 놀이 가운데 내가 잘하는 게 하나도 없었기 때문이다. 아이들이 가장 많이 하는 고무줄놀이는 1절부터 시작해 2절, 3절, 4절까지 난도가 올라가는데 난 1절 이상을 하지 못했다. 그래서 웬만하면 친구들이 나를 깍두기 정도로 끼워주었다. 그 말은 아무도 나와 같은 편을 하고

내가 잡았어! © 데이비드 위즈너 글·그림, 2018, 시공주니어

싶지 않는다는 뜻이기도 했다.

공기놀이는 조금 할 줄 알았으나 그것도 그저 그런 정도. 친구들이 현란한 기술과 복잡한 규칙을 얹게 되면 나는 또 한쪽 구석에 찌그러져야 했다. 그러니 노는 시간이 내게 즐거울 리가 없었다. 물론 나도 많은 노력을 했다. 학교가 파하고 집에 돌아오면 계단 기둥에 고무줄을 묶고 한

쪽 끝을 동생더러 잡게 한 뒤 연습했지만, 실력은 전혀 늘지 않았다.

별다른 놀이 기술이 없던 탓에 초등학교 시절 친구 사귀기가 나름 힘들었다. 학창시절 공부나 성적으로 인해 열등감을 가진 적은 없었지만, 놀이를 못 한다는 열등감은 어릴 때부터 늘 있었다. 데이비드 위즈너의 〈내가 잡았어!〉라는 그림책은 어린 시절의 내 마음을 구구절절 담고 있다.

〈내가 잡았어!〉의 데이비드 위즈너는, 아이디어가 넘치는 신비한 그림 작가로 유명하다. 그림 없는 그림책 〈이상한 화요일〉(2002, (주)비룡소)에서 보여준 아름답고 신비함, 〈시간 상자〉(2018, 시공주니어)에서 보여주는 과거와 현재, 미래를 넘나드는 이야기와 비교하면 〈내가 잡았어!〉는 다소 평범하다고 할 수 있다.

그러나 내게 있어 이 책은 전혀 평범하지 않은 그림책

이었다. 어렸을 때 놀이에 잘 끼지 못한 나의 마음을 이렇게 잘 표현할 수 있을까 싶을 정도였으니까. 또 주인공이 친구들과 함께 놀기 위해 안간힘을 쓰는 모습을 보면서 놀이를 잘하기 위해 고군분투하던 나의 모습이 떠오르기도 했다

   나는 놀이에 대한 열등감을 단 한 번도 극복하지 못했다. 어릴 적 놀이를 못 하던 나는 체육을 못 하는 학생이 되었고, 심지어 대학교 교양 수업인 체육 시간마저 힘겹게 보내야 했다. 이러한 나의 열등감은 점수를 매기는 교양 체육이 끝나는 동시에 종료가 되었을 뿐 끝내 극복하지 못한 대상이 되고 말았다.

   에릭슨의 발달 이론에 의하면, 학창 시절은 '우열감'을 배우는 시기라고 한다. 이른바 잘하고 못 하는 것을 통해 우월감도 경험하고, 열등감도 경험하게 된다. 내게 공부가 우월감이었다면 체육이나 놀이가 열등감이었던 셈이다. 무엇보다 초등학교 시절에는 공부보다는 친구들과 어울려

노는 게 더 중요했고, 심지어 친구들 사이에서의 인기를 가늠하는 요소이기도 했다.

〈내가 잡았어!〉의 주인공은 친구들과 어울리지 못하고 펜스 밖에서 친구들이 하는 야구 경기를 구경하고 있다. 한 손에는 글러브를 낀 채 있는 걸 보니 본인도 야구 경기에 나서고 싶은 모양새다. 이때 리더로 보이는 친구가 누군가에게 저쪽으로 가서 공을 잡으라고 손짓한다. 그러자 주인공은 자신이 잡겠다고 외치며 열심히 뛰어가지만 공을 놓치고 만다. 모자와 신발이 벗겨지도록 뛰다가 넘어진 주인공 옆으로 친구들의 실망하는 모습이 보인다. 다시 공을 잡으려 하지만 이번에는 나무에 부딪히고 마는 주인공. 그러나 이에 굴하지 않고 다시 일어나 공을 잡으러 간다.

이 페이지를 자세히 들여다보면 공은 크게, 주인공은 작게 그려져 있는 게 눈에 띈다. 공뿐만 아니라 주위 친구들도 주인공보다 훨씬 더 크게 그려져 있다. 결국 주인공이 잡아야 할 공은 그저 단순한 야구공이 아니라 친구들과의 우정, 신뢰 그리고 인정이라는 걸 얘기하는 작가의 미적 감각이 돋보이는 부분이다. 이를 통해 주인공에게 야구공은 절실하게 잡고 싶고, 반드시 잡아야만 하는 것임을 알 수 있다.

친구들 다리 사이로 팔 사이로 분주하게 뛰어다니던 주인공이 드디어 공을 잡는 순간, 마치 내가 그 공을 잡은 것처럼 기뻤다. 그리고 주인공은 더 이상 펜스 밖에 서 있지 않고 친구들 가운데에 앉아 있다. 이처럼 아이들 세상에선 공을 잡느냐 못 잡느냐의 차이가 크다. 어른이 되면서 어릴 적 그 기억은 잊어버렸지만, 초등학생이던 그 당시의 내게는 크나큰 문제였고, 나의 열등감을 지배하는 문제이기도 했다.

어린 시절 극복하지 못한 열등감은 〈내가 잡았어!〉라는 그림책을 통해 대리 만족이란 걸 할 수 있었다. 만약 이 그림책을 보지 못했다면 어린 시절의 열등감을 극복할 수 있는 간접체험도 못 했을 것이다. 그래서 이 그림책이 더욱 반갑고 고맙다.

어른이 되니 좋은 점이 있기도 했다. 내가 잘 못 할 것 같은, 혹시라도 질 것 같은 놀이는 하지 않아도 된다는 것. 어린 시절의 열등감 때문이었는지 나는 모든 종류의 스포츠에 관심이 없을 뿐 아니라 즐길 줄도 모른다. 그러나 다른 사람들과 스포츠를 즐길 줄 몰라도 아무렇지 않은 이유는 다른 할 일들이 내게 너무 많기 때문이다.

무엇보다 나이가 들고 보니 어린 시절의 열등감은 자연스러운 과정이고, 내가 잘하는 걸 깨닫게 해주는 시간이었음을 알게 되었다. 어린 시절의 괴로웠던 추억에서도 의미를 찾았다는 사실이 내가 진짜 어른이 되었음을 알려준 것 같았다. 그런 의미에서 〈내가 잡았어!〉의 주인공 손에 쥐어진 공처럼 어린 시절의 내게 고무줄을 잘하는 재빠른 다리를 상상으로나마 선물해주고 싶다.

 〈내가 잡았어!〉

데이비드 위즈너 글 · 그림 | 2019 | 시공주니어

작가 데이비드 위즈너의 유명한 작품들은 참 많다. 글 대신 그림만으로 시간과 공간의 판타지를 얘기하는 〈시간 상자〉가 있다면, 〈아기 돼지 세 마리〉라는 책에서는 돼지 세 마리가 책 밖으로 뛰쳐나오는 상상력에 감탄하게 된다. 〈내가 잡았어!〉는 너무 현실적인 그림체라 데이비드 위즈너의 개성이 덜 해 보일 수도 있지만, 찰나의 순간들을 그려내는 작가의 아이디어가 빛나는 책이다. 뉴욕타임스 북 리뷰에서 "데이비드 위즈너는 우리의 꿈들이 우리가 생각하고 있는 것보다 가까이 있다고 이야기한다."라는 말처럼 마치 '내가 꿈을 잡았어!'라고 얘기하는 것 같아서 감동적이다.

우리는 누구에게나 상처를 준다,
<슬퍼하는 나무>

　삶 가운데 우리는 잘잘못을 가려야 하는 처지에 놓일 때가 많다. 심지어 시시비비를 가려 네 잘못이 크네, 내 잘못이 작네 등의 실수 크기를 비교하기도 한다. 대표적 사례가 교통사고로 과실의 유무를 퍼센트로 나눈다. 아무리 내 잘못이 없다 하더라도 십 퍼센트의 책임을 물어야 하는 상황도 발생한다. 만약 백 퍼센트 상대방 과실이라는 판정이라도 나면 마치 전쟁에서 승리자가 된 듯한 기분이다.

이처럼 판정에 희비가 엇갈리는 이유는 판정 결과에 따라 책임져야 할 비용의 무게가 달라지기 때문이다.

어렸을 때는 '죄송합니다', '잘못했습니다'라는 말 한마디면 용서받을 수 있던 일들이 어른이 되는 순간 말뿐 아니라 상황에 대한 책임도 져야 한다. 게다가 돈으로 책임을 져야 하는 일도 많다 보니 어른들의 세계는 그저 냉

혹할 따름이다. 그러나 잘잘못을 명명백백 나눌 수 없는 상황이 어른들의 세계에서는 사실 더 많다.

이번에는 승진이 될 거라는 기대로 뚜껑을 열어봤는데 명단에서 누락, 1점 차이로 불합격한 시험, 평생의 배우자를 만났다고 생각했는데 알고 보니 유부남이던 그 남자 등등. 이럴 때 우리는 결과를 쉽게 받아들이지 못한다. 그리고 내가 아닌 다른 사람, 혹은 그 상황에 화살을 돌린다.

'이번 승진에서 떨어진 건 내 탓이 아니야. 김 대리가 이 부장과 자주 술을 마시더니 점수를 많이 따서 내가 떨어진 거야.'

'시험에 떨어진 건 내가 공부를 안 해서가 아니라 문제를 너무 꼬아서 냈어. 출제자가 잘못한 거야.'

'그 남자 알고 보니 유부남이었대. 진짜 파렴치한 놈이야.'

그러나 우리는 잘 알고 있다. 이건 내 탓도, 네 탓도, 그 누구의 탓도 아니라는 걸. 의도치 않아도 상처를 줄 수도, 받을 수도 있다는 걸 말이다.

〈슬퍼하는 나무〉라는 그림책을 처음 읽었을 때, 책 마지막 장에 쓰인 '너 때문에 난 외로워졌어.'라고 말하는 나무를 보고 알을 가지려던 소년과 알을 지키려는 어미 새의 단순한 싸움 이야기가 아니라는 걸 알았다. 단순히 누가 이기고 지는 문제를 다룬 책이 아니었던 것이다.

이 책의 주인공 소년은 나무에 있던 새 둥지에서 알을 발견하고 호기심에 그 알을 가져가려 한다. 그때 어미 새는 화를 내면서 소년을 가로막지 않은 대신 새끼가 알을 깨고 나오면 그때 가져가라고 살살 달랜다. 소년은 그 말을 듣고 기다린다. 알에서 새끼가 나오자 어미 새는 소년에게 또 말한다. 새끼들이 좀 더 크면 가져가라고. 소년은 또 기다린다. 그러나 어미 새는 새끼들이 날 수 있게 되자 빈 둥지만 남겨 놓은 채 새끼들과 떠나 버린다.

여기까지만 보면 새끼들을 지키려는 어미 새의 모성과 어미 새에게 속은 소년의 억울한 마음만 보인다. 그러나 그때 등장하는 나무. 지금까지 배경으로만 있던 나무가 목소리를 낸다. "너 때문에 나는 혼자가 되었어." 새끼 새를 갖지 못한 소년이 피해자인 듯 보였으나 알고 보니 그동안 새 둥지가 있던 나무가 혼자 남은 피해자였던 것이다.

우리는 의도하지 않은 누군가에게 상처를 주며 살아가고 있는지도 모르겠다. 그래서 누구의 잘못이라고 단정하기 어려운 상황이 많이 생기는 것인지도. 나 또한 그랬다. 내가 지금껏 살면서 가장 힘들었던 시기 중 하나가 '이혼'을 겪던 시기였다. 그때 난 이혼 과정에서 일어난 모든 원망을 전 남편에게 돌렸다. 그리고 이혼으로 인한 최대의 피해자는 나 자신이라고만 생각했다. 마치 어미 새에게 속아 새끼 새를 가지지 못한 소년처럼.

이혼 후에는 이혼녀를 바라보는 세상의 시선을 경험하면서 또 한 번 이혼의 피해자는 여자인 '나 자신'이라고 믿었다. 그리고 무너지지 않기 위해 내게는 아무런 잘못이 없다고 발버둥치고 소리쳤다. 어쩌면 그렇게 해야만 내가 살아갈 힘을 얻게 된다고 생각했던 것인지도 모르겠다. 그런데 어느 정도 자아의 힘이 생기자 나뿐 아니라 내 주변 사람을 볼 수 있는 여유가 생겼고, 그때서야 '나만 피해자'라는 생각에서 벗어날 수 있었다.

결혼이 개인과 개인의 결합이 아닌 것처럼 이혼 또한 개인만의 문제는 아니었던 거다. 나의 이혼이 당사자인 나뿐만 아니라 이혼의 과정에서 상심했을 부모님과 형제들에게도 힘겨운 시간이었음을 깨달았다. 그리고 가해자라고만 생각했던 전 남편이 '상처받은 피해자'일 수도 있다는 생각을 하기까지는 꽤 오랜 시간이 걸렸다. 나의 부모님 혹은 동생이 이혼한다면 내 마음이 어땠을까 생각해 보니 쉽게 이해되는 일이, '나만 피해자'라고 생각했을 때는 짐작조차 되지 않았다. 어쩌면 우리는 누군가에게 상처를 주면서도 자신만이 피해자라는 좁은 시야를 가진 채 사는 건 아닐까.

나 이외의 사람들도 피해자라는 생각이 들자, 이혼 당

시 나와 함께 힘든 시기를 견딘 가족들이 무척 고마웠다 (감사란 통찰력에서 온다는 말이 정말 맞는 말이긴 하다). 혹시 이번 승진에 누락 되더라도, 시험에 떨어지더라도, 또 남자 친구에게 배신을 당하더라도 조금 더 넓은 시선으로 그게 나만의 어려움이나 슬픔이 아니라고 생각하자. 그렇다면 우리는 또다시 힘을 내어 내일의 인생을 살 수 있을 것이다.

〈슬퍼하는 나무〉는 내가 피해자란 생각이 들 때, 나 말고도 상처받은 사람이 있다는 것을 깨닫는 '어른'으로 성장하게 해준 소중한 그림책이다. 내가 받은 상처만 생각하며 나의 고통과 괴로움을 되돌려 주려 생각하던 나를, 한 권의 그림책을 통해 상대방의 처지도 생각할 수 있게 만들어줘서 고맙다. 그래서 그림책 안으로 들어가 새가 떠나 슬퍼하는 나무에게 더는 슬퍼하지 말라고 위로해 주고 싶다. 그리고 혹여 나도 모르게 상처받은 사람들이 있다면 이 글을 통해 사과하고 싶다.

 〈슬퍼하는 나무〉

이태준 글 | 와이 그림 | 2018 | 통큰세상

우리나라의 대표적 단편소설 작가로 평가받고 있는 이태준 작가는, 1925년 단편 〈오몽녀〉로 데뷔해 많은 단편소설을 발표했다. 〈슬퍼하는 나무〉를 접하기 전, 대학교 시절에 〈문장 강화〉라는 책을 감명 깊게 읽은 적이 있다. 〈슬퍼하는 나무〉보다 더 많이 알려진 작품으로 〈엄마 마중〉이 있는데, 한겨울에 전차 정류장에서 엄마를 기다리는 아이의 모습과 마음을 그린 내용으로 독자들의 심금을 울린다.

그림 작가 와이는 〈슬퍼하는 나무〉의 자연스러움을 최대한 살리기 위해 밑그림을 그리지 않고 물과 물감만을 사용해서 그렸다고 한다. 그래서인지 한 페이지 한 페이지 아름다운 수채화의 세상이 펼쳐지는 게 이 책의 감동을 두 배로 늘려준다.

상처를 견디는 이들에게 해주고 싶은 말,
<씩씩해요>

 아이가 여섯 살 때 혼자 엘리베이터를 타고 내려가서 유치원 셔틀버스를 기다리겠다고 했다(물론 그전까지는 내가 같이 내려가서 버스 타는 것을 지켜보았다). 처음에는 마음이 놓이지 않아 아이에게 이런저런 이유를 들어가며 엄마와 같이 내려가야 한다고 설명했지만, 무엇보다 아이가 강력히 원하기에 며칠을 설득하다가 마침내 허락을 했다.

씩씩해요 ⓒ 전미화 글·그림, 2010, 사계절출판사

    셔틀버스 담당 선생님께 사정을 말씀드리고 아이가 잘 타고 내리는지 한 번 더 봐달라고 부탁했다. 며칠 동안은 선생님께서 아이가 버스에 잘 탔다는 문자를 보내주기도 했는데, 그 후로는 아이 혼자 엘리베이터를 타고 내려가 버스 타고 유치원에 등원하는 일이 자연스러워졌다. 그러다 보니 나는 아침마다 현관문을 열고 아이가 엘리베이터를 탈 때까지 지켜보는 일만 하게 되었다.

그러던 어느 날, 엘리베이터가 우리 층에 멈췄을 때였다. 아이가 혼자 타는 걸 본 동네 어른 한 분이 우리 아이에게 무어라고 말하는 목소리가 들렸다.

"혼자 가는 거니? 씩씩하구나."

아마도 아이는 그분의 칭찬에 더욱 으쓱해진 느낌이었으리라. 씩씩하구나. 그 말의 여운이 오래 남았다. 그리고 문득 '씩씩하다'라는 말이 더는 어른들에게 쓰이지 않는 단어란 생각이 들었다. '씩씩한 어린이'라는 말은 있어도 '씩씩한 어른'이라는 말은 없지 않은가.

전미화 작가의 〈씩씩해요〉라는 그림책은, 마지막에 나오는 '씩씩해요'라는 말의 울림이 참으로 큰 책이다. 이 책은 어느 가족이 교통사고로 아버지를 잃는 것으로 시작한다. 그 이후 남겨진 아이의 변해버린 일상이 펼쳐진다. 엄마는 아침부터 밤늦게까지 일을 하고, 대부분 시간을 혼자서 보내는 아이.

어느 날 엄마는 아이와 함께 산에 가서 이렇게 얘기한

다. "이제부터는 우리 둘이서 씩씩하게 사는 거야. 알았지?"라고 말이다. 그 후로 엄마와 아이는 씩씩해진다. 엄마는 운전을 시작하고, 망치질도 하고. 아이는 혼자 밥도 먹고, 설거지도 하고, 엄마 커피잔도 치워 주고……. 그리고 '나는 씩씩해요.'라고 끝을 맺는다.

난 책의 마지막에 쓰인 '씩씩해요.'라는 단어를 보는 순간 울컥하고 말았다. 아이들에게 아무렇지도 않게 던지는 '참 씩씩하구나.'라는 말의 무게감이 이렇게 크게 느껴지기는 처음이었다. 아이가 놀이터에서 혼자서 미끄럼틀을 타거나 그네를 탈 때, 혹은 아이가 혼자 심부름 다녀올 때 '씩씩하구나.' 했던 말과 다른 의미로 다가왔기 때문이다.

흔히 우리가 아이들에게 순간순간 '씩씩하다'라고 말하는 건 어떤 행동에 대한 칭찬이었지만, 이 책 속의 아이에게 씩씩함이란 '아빠 잃은 상처를 이겨내는' 씩씩함을 말하고 있다. 게다가 아이만 씩씩해지는 것이 아니라 남편을 잃은 엄마도 함께 씩씩해지고 있었다. 아빠가 주로 했던 운전과 망치질을 엄마도 하게 되었으니 말이다. 아이 역시 씩씩해지기로 한 이후에는 아빠가 해주던 일을 스스로 하기 시작했다.

나는 아버지가 돌아가신 지 5년가량 되었지만, 아직도 아버지의 빈자리를 느낀다. 그나마 다행인 건 아버지가 한참 가장의 역할을 할 때 돌아가신 게 아니어서 〈씩씩해요〉라는 그림책 속의 엄마나 아이처럼 아버지의 빈자리를 메꾸려 노력할 일은 없었다. 그러나 상실에 대한 상처를 이겨내기 위한 노력이 필요했다.

처음에는 아버지가 남긴 흔적들을 찾아보기 시작했다. 생전에 인터넷 활동을 활발하게 하셨던 아버지의 블로그, 아버지가 가입한 카페, 페이스북 등을 돌아보며 내가 그동안 미처 알지 못했던 아버지의 모습을 하나씩 알아갔다. 이런 일련의 과정을 통해 아버지의 지인을 만나기도 했다.

그분은 아버지가 활동하던 일본 시코쿠 순례 카페의 회장이었는데, 일개 회원이었던 아버지의 장례식장까지 찾아와 준 분이었다. 그래서 고마움을 전하고자 따로 만나게 되었다. 그분 역시 몇 해 전에 아버지를 잃었던 터라 그 당시 나의 상실에 무척 공감해 주었고, 내가 몰랐던 아버지 이야기도 많이 들려주셨다. 나는 그분을 통해 듣게 된 아버지의 이야기가 상처를 치유하는 데 큰 도움이 되었다.

그러나 나의 이런 상처 치유 과정을 다른 사람들이 알 리가 없다. 그래서였을까. 〈씩씩해요〉의 주인공 아이가, 셔틀버스를 타러 혼자 엘리베이터를 타는 우리 아이가 들었던 '씩씩하다'라는 말을 나도 듣고 싶었던 게 아니었을까. 그래서 이 책을 볼 때마다 '씩씩해요.'라는 말이 마음에 더욱 와닿은 것인지도 모르겠다.

우리는 어렸을 때 한 번쯤은 '씩씩하다'라는 말을 들어봤을 것이다. 그 말에 용기를 얻고 더 노력하려 했을 것이다. 그런데 어른이 되고서는 단 한 번도 그 단어를 듣지 못했던 건 왜일까. 그건 아이보다 어른이 씩씩한 건 당연하기 때문이다.

어른이라고 두려운 게 없고 상처가 없으며, 설령 상처가 있더라도 다 극복했다고 생각하면 이는 큰 오산이다. 어른이 되어서도 여전히 상처를 극복하기 위해 노력하고 있는 주변 사람들에게 '씩씩하다'라는 말 한마디 건네보면 어떨까. 아마도 큰 위안이 될 것이다. 아버지가 떠난 지 오 년이 된 지금, 아버지에게 가장 듣고 싶은 말이기도 하다. '우리 딸 씩씩하구나.'라고 말이다.

〈씩씩해요〉

전미화 글·그림 | 2010 | 사계절출판사

가족에 관한 전미화 작가의 그림책은 늘 감동적이고 여운을 준다. 〈달려라 오토바이〉는 온 가족이 하나의 오토바이를 타고 있는 표지 그림이 인상적인데, 바로 그 오토바이로 생계를 유지하며 고락을 함께 하는 이야기를 밝고 유쾌하게 그렸다. 〈미영이〉는 엄마와 이유도 모른 채 떨어져 친척 집에서 생활하다가 다시 엄마와 재회하는 내용의 책이다. 이 책의 '미영이'는 자신의 감정을 주변 사람들에게 잘 표현하지 않지만, 엄마와 떨어져 지내는 동안 엄마를 그리워하며 재회하기까지의 아이 마음을 애틋하게 표현한 작품이다.

용기 없는 나에게

두려움에 대한 공감에서 출발하는 용기,
<어른이 되면 괜찮을까요?>

　매번 벌레를 볼 때마다 소스라치게 놀라는 아이를 위해 '벌레는 널 더 무서워할 거야.'라고 달래주듯 늘 가볍게 말해주었다. 하지만 벌레에 놀라서 호들갑 떠는 아이를 보면서 구체적으로 설명해주기로 작정했다.

　"이것 봐봐. 벌레는 작잖아. 그런데 벌레가 봤을 때 너는 얼마나 커 보이겠니? 더군다나 네 발에 밟히면 자기가 죽을지도 모르는데 말야. 그렇다면 누가 더 무서울까?"

어른이 되면 괜찮아질까요? ⓒ 스티안 홀레 글·그림, 2007, 웅진주니어

"나보다 엄마가 훨씬 크지만 난 엄마가 무섭지 않거든. 그러니까 벌레도 내가 하나도 안 무서울 수도 있어."

아이를 설득하려다 오히려 '두려움'이란 게 우리의 고정관념일 수도 있겠구나, 하는 생각을 처음으로 하게 됐다. 자신보다 클 때, 자신을 해친다고 생각될 때 느끼는 두려움. 아니면 그와 반대로 자신보다 작으면 안심하고, 자신에게 호의적이면 무섭지 않다는 편견. '아이의 두려움은 작고 하찮은 것'으로만 생각하는 건 우리 어른들의 고정관념이 아니었을까.

〈어른이 되면 괜찮을까요?〉라는 제목의 노르웨이 그림책은 원제목이 〈Garman's summer(가르만의 여름)〉이다. 원제만 보면 어떤 이야기인지 알 수 없지만, 우리나라의 번역 제목을 보면 '어른이 되면 (두려운 것)이 괜찮을까요?'라는 내용으로 연상된다. 책은 이제 막 일곱 살이 된 주인공 가르만과 죽음을 앞둔 할머니들의 '두려움'에 관한 내용이다. 원제에서 말하는 '여름(summer)'은 가르만이 초등학교 입학을 앞둔 계절로, 노르웨이 학기는 가을에 시작된다.

해마다 여름이 되면 가르만의 집에는 할머니 세 분이 놀러 온다. 류머티즘과 탈장이 있는 분들이라 요양 겸해서 며칠씩 가르만의 집에서 머물다 떠난다. 할머니들은 초등학교 입학을 앞두고 있는 가르만에게 곧 학교 가는 기분이

어떠냐고 물어본다. 그러자 가르만은 겁이 난다고 대답한다. 사실 가르만은 초등학교에 가는 것이 몹시 두렵다. 옆집에 사는 한네와 요한네는 글씨도 읽고, 이도 빠지고, 물속에 머리를 넣기도 하지만 가르만은 아직 이도 빠지지 않았고, 글씨도 서툴고, 물속에 머리를 넣지도 못하기 때문이다. 그러자 한 할머니가 말한다. "나도 겁나는 게 있단다. 이제 외출을 할 때마다 노인용 보행기를 써야 할지도 몰라." 그 말을 듣고 어린 가르만은 할머니에게 자신의 스케이트보드를 빌려주겠다고 한다. 일곱 살밖에 되지 않은 가르만에게 할머니의 보행기는 자신의 놀이기구 같은 느낌인 모양이다.

가르만의 또 다른 걱정은 아직 이가 빠지지 않았다는 거다. 그런 가르만을 보며 할머니들은 이가 다 빠져 지금은 틀니를 쓴다고 한다. 가르만은 이가 안 빠져서 걱정, 할머니는 이가 빠져서 걱정인 셈이다.

여기서 나의 걱정 하나. 나도 일곱 살인 우리 아이의 이가 빠지기를 기다리고 있다. 아이들 사이에서는 누구의 이가 몇 개 빠졌는지가 중요한 이슈인가 보다. 엄마들이 보기에는 이가 빠지고 영구치가 나는 건 자연스럽고 당연한 일인데, 아이들에게는 자신의 이가 왜 빨리 빠지지 않는지가 고민인 모양이다. 사실 나도 우리 아이의 이가 빨리 빠지기를 기도할 때 나의 치아 역시 튼튼하고 오래 가기를 기도한다.

가르만은 또 다른 할머니에게 나이가 몇 살이냐고 묻는다. 할머니는 농담 반 진담 반 백오십 살이라고 대답한다. 깜짝 놀란 가르만은 "곧 죽어요?"라고 되묻는다. 그러자 할머니는 그런 것 같다면서, "그때가 되면 립스틱을 곱게 바르고, 최고로 좋은 옷을 입은 뒤 하늘을 날아 북두칠성을 지나 커다란 문에 닿을 때까지 가면 정원이 나올 거야."라고 대답한다. 세 번째 할머니는 겨울이 오는 게 무섭다고 말한다. 가르만은 겨울이면 신나게 할 수 있는 재미난 놀이가 아주 많다며 겨울이 무섭다는 할머니를 오히려 신기해한다.

오케스트라 단원인 아버지는 가족과 떨어져 다른 지역으로 공연 갈 때가 두렵다고 한다. 마지막으로 엄마에게 무엇이 두려우냐고 묻자, 가르만이 학교에 가기 위해 큰길을 건널 때가 겁난다고 한다. 할머니 세 분과 아버지, 엄마와 무섭고 두려운 것에 관한 이야기를 나누던 중, 가르만은 자신만의 비밀 장소에서 새가 죽은 걸 발견한다. 가르만은 죽은 새를 땅에 묻으면서 할머니 중 한 분이 말한, 죽으면 하늘의 북두칠성을 지나 정원에 간다는 이야기를 떠올리며 생각한다.

'사람이 죽으면 북두칠성을 지나 하늘나라로 떠나겠지. 하지만 우선 지렁이가 사는 땅에 묻혀 흙이 되어야 해.'

이 장면에서 일곱 살인 가르만은 새의 죽음을 접하고 죽음이 아름다운 게 아니라는 현실을 경험한다. 할머니들이 집을 떠나고, 가르만은 내일 학교에 가기 위해 필통과 가방을 챙긴다. 그리고 이제 입학식까지 13시간 남았고,

겁이 난다……라고 끝맺는다.

    일곱 살 아이가 초등학교 입학을 앞두고 두려워하는 마음을 우리 어른들이 가볍게 보는 건 초등학교에 가는 게 한 단계 '성장'이라고 생각하기 때문이다. 그러나 할머니들이 두려워하는 죽음, 가족을 걱정하는 아빠, 아이를 걱정하는 엄마를 보면 진짜 두려움의 근원은, 사랑하는 소중한 사람들과 더는 만날 수 없는 '이별'에 있는 것 같다.
    아이가 초등학교에 간다는 건 새로운 세상과의 만남이기도 하지만, 지금까지 지내왔던 익숙한 생활과의 이별이기도 하다. 그렇다면 아이로서는 두려운 게 당연하지 않을까. 가르만이 깨달은 것처럼 죽음이란 게 북두칠성을 지나 아름다운 정원으로 가는 것뿐 아니라 지렁이가 있는 흙에 묻히는 과정이 필요하듯 우리 역시 어떤 '이별' 의식을 치러야 하는지도 모르겠다. 그렇다면 가르만이 모르는 초등학교, 할머니가 모르는 하늘나라 정원 모두 다 같은 두려움이지 않을까.

그림책 제목대로라면 '어른이 되어도 괜찮지 않고 두려운 게 있다.'라고 결론 내릴 수 있다. 하지만 우리 모두 나이와 상관없이 누군가와의 이별이 두렵고, 또 그 과정에서 겪게 되는 의식 같은 아픔이 겁날 수도 있다. 진짜 어른이 된다는 건 '두려웠던 게 두렵지 않아지는 것'이 아니라 상대방의 두려움을 이해할 수 있다는 거다. 그 대상이 아이이건 노인이건 청년이건 상관없이 그들이 가진 다른 두려움을 진지하게 생각할 수 있다는 의미이기도 하다. 이제부터는 아이에게 '벌레가 뭐가 무서워?'라고 비웃듯이 말할 게 아니라 '벌레가 무서워 보이는구나?'라고 공감부터 해 줘야겠다는 생각이 든다.

〈어른이 되면 괜찮을까요?〉

스티안 홀레 글 · 그림 | 2007 | 웅진주니어

우리 주변에서 좀처럼 보기 드문 노르웨이 그림책이다. 사진과 그림을 결합해서 만든 파격적이고 실험적인 기법의 '포토몽타주' 이미지들이 시선을 끈다. 사실적이면서도 초현실적인 느낌이 드는 동시에 내용에 담긴 의미가 깊다. 조금 무거운 주제를 유머러스하고 가볍게 풀어가지만 마지막에 주는 메시지는 명확하다. 이 그림책은 가르만의 시선으로 본 짧은 여름 이야기지만 그 안에는 긴 인생 이야기가 담겨 있다.

혼자서 훌쩍 여행을 떠나는 용기,
<여덟 살, 혼자 떠나는 여행>

요즘에는 뭐든지 '혼'이라는 글자를 앞에 붙여서 '혼밥(혼자 먹는 밥), 혼술(혼자 마시는 술), 혼영(혼자 보는 영화)' 등등 혼자 하는 것을 일컫는 말이 신조어가 되었다. 이런 신조어가 생긴 걸 보면 우리 문화는 무엇이든 '같이' 하는 걸 기본 전제로 깔고 있던 것 같다. 밥 먹는 것만 봐도 쉽게 알 수 있다. 학창 시절에는 친구들과 도시락을 같이 먹고, 직장에서는 팀원들끼리 함께 먹고. 오히려 그 안

에서 혼자 밥을 먹는다는 건 상상하기 어려운 문화였다. 심지어 '혼자 밥 먹는 사람 = 왕따'라는 이미지도 꽤 강한 편이었으니까.

이런 문화적 환경에서 자란 내가 일본에서 받은 첫 문화적 충격은 혼자 밥을 먹는 일본 직장인들을 보면서였다. 점심시간이 되기 전부터 동료들과 점심 메뉴로 이야기꽃을 피우다가 열두 시가 되면 모두 자리에서 일어나는 한국 사회와 달리, 일본은 점심시간이 되어도 밥 먹으러 가자는 소리를 들을 수 없었다. 그리고 각자의 시간에 맞춰 밥을 먹고 들어오는 일본 사람들 속에서 묘한 느낌마저 들었다. 그들은 '점심시간 = 밥 먹는 시간'이라는 공식보다 언제나 쓸 수 있는 자신만의 한 시간짜리 휴식 시간처럼 활용하는 것 같았다.

나보다 일본 사회를 먼저 경험한 어느 한국 직원의 경우, 함께 밥 먹으러 갈 생각에 옆자리 동료에게 언제 점심을 하러 갈 거냐고 물었더니 '두 시'라는 대답이 돌아왔다고 한다. 하지만 그 말이 두 시에 같이 가자는 얘기인지 아니면 따로 먹자는 얘기인지 그 당시에는 아주 많이 헷갈렸다고 한다.

일본 문화에서 밥을 언제 먹을 것인지 묻는 질문에는 '같이 먹자'라는 의미가 포함되어 있지 않다는 걸 안 지금, 그때의 '두 시'라는 대답은 아마도 자신이 먹는 시간을 얘기한 것으로 보인다. 그래서 처음에는 한국 사람들끼리 시간을 맞춰가며 밥을 먹기도 했지만 시간이 흐를수록 '혼밥' 문화에 익숙해졌고, 나 역시 어색하지 않게 '혼밥'을 즐길 수 있게 되었다.

밥 한 끼 혼자 먹는 것도 불편해하는 우리가 혼자 여행을 떠나기란 더 쉽지 않은 일일 테다. 그런데도 사람들은 아주 가끔 혼자 떠나는 여행을 꿈꾼다. 개중에는 꿈으로만 끝내는 사람도 있고, 실제로 혼자 여행을 떠나는 사람도 있다. 나는 혼자 여행을 잘 다니는 편이다. 국내는 물론 해외여행까지. 심지어 결혼 후에도 혼자 여행을 떠날 정도다. 내가 어색함 없이 혼자서도 여행을 잘 다닐 수 있게 된 이유를 〈여덟 살, 혼자 떠나는 여행〉이라는 그림책을 보고서야 깨닫게 되었다.

〈여덟 살, 혼자 떠나는 여행〉 그림책 주인공의 아버지는, 열다섯 살에 고향을 떠나 광산에서 일했던 자신의 경험을 통해 아들도 어릴 때부터 독립심을 키워야 한다고 생각한다. 어느 날, 여덟 살 아들에게 산길을 걸어 기차를 타고 이모할머니 집에 가서 할머니가 두고 온 우산을 가져오라는 심부름을 시킨다. 그리고 아들에게 기차에서 잠들면 역을 지나칠 수 있으니 호랑이 기름을 눈가에 발라 졸음을 쫓으라고 하면서 호랑이 기름도 건넨다.

아버지의 심부름으로 여덟 살 주인공은 혼자 여행을 떠나게 된다. 과연 주인공의 여행길에 어떤 모험이 기다리고 있을지 기대했던 나의 예상과 달리 주인공은 기차 안에서 노상하는 할머니를 만났고, 그 할머니가 쓰러지는 사건을 겪게 된다. 때마침 할머니 옆에 있던 주인공은 할머니를 살리기 위해 주변 사람들에게 도움을 요청했고, 사람들은 주인공을 할머니 손자라 생각하고 할머니 목숨을 구했다며 기특해한다. 그렇게 주인공은 할머니를 구해주고 무사히 이모할머니 집에 도착한 뒤 우산과 풋마늘 다섯 근을 가지고 집으로 돌아온다.

만약 그 할머니가 그날 혼자 여행을 떠난 주인공을 만나지 않았다면 어떻게 되었을까? 혼자 여행을 떠난 주인공은 다른 사람들에게 의지하는 나약한 존재가 아니라 다른 사람을 도와가며 여행했다는 게 이 그림책의 핵심이다.

나는 열 살 때 부모님 없이 혼자서 여행을 떠난 적이 있다. 〈여덟 살, 혼자 떠나는 여행〉의 주인공처럼 전철을 타고 버스를 갈아타며 인천에서 서울까지 갔다. 다행인 건 나 혼자가 아니라 나보다 세 살 어린 일곱 살 동생과 함께였다는 것. 동생이 나와 함께인 건 동반자가 있다는 의미인 동시에 나 혼자가 아니라 챙겨야 하는 어린아이가 있다는 의미이기도 했다.

 방학이면 늘 외갓집에 가서 한 달 가까이 놀다가 오곤 했다. 그럴 때마다 매번 부모님이 데려다주셨는데, 열 살이 되자 한 번쯤 혼자 가보고 싶었다. 물론 여러 번 가본 길이라 나름대로 자신도 있었다. 아무튼 동생과 함께 전철을 타고 내려서 버스를 갈아타고 외갓집에 무사히 도착했다.

 지금 생각해 보면 열 살 아이가 무섭지 않았을까 생각되는데, 오히려 그때는 자신감이 넘쳤다. 어린아이에게는 꽤 긴 시간일 수도 있지만, 그 당시에는 영등포역에서 내려 몇 번 버스를 타면 되는 아주 간단한 여정처럼 느껴졌다. 주인공이 기차 안에서 만난 할머니를 도와주며 여행을 했듯이 나는 나만 의지하고 있는 여동생을 챙기며 여행을 한 셈이다.

 그때의 경험 이후 혼자 동생을 데리고 외갓집에 자주 갔다. 그뿐만 아니라 중학교 때는 서울에 가서 연극을 관

람하고 오곤 했는데, 그 당시에는 아무에게도 말하지 않고 혼자 다녔다. 부모님께 얘기하면 허락하지 않을 것 같고, 인천에서 서울까지 함께 할 친구도 없을 것 같기에 혼자 지하철을 타고 다녀왔다. 친한 친구에게 혼자 서울에 가서 연극을 보고 왔다고 말했을 때 그 친구는 놀라며 거짓말 아니냐고 다그치기도 했다.

아마도 이런 추억 때문인지 나는 혼자 하는 여행에 아무런 두려움이 없는 편이다. 첫 여행이 그랬듯 여행지에서 겪을 만한 드라마틱한 모험도, 위험도 없었다. 내게 있어 여행은 열 살 때 동생을 데리고 혼자 떠난 외갓집 여행 같은 이미지이기 때문이다.

아이가 생기고 나서는 아이와 단둘이서만 떠난 여행도 많다. 아이가 30개월일 때는 둘이서 후쿠오카를 다녀왔고, 38개월 때는 일본에서 '한 달 살기'를 하기도 했다. 작년에는 베트남도 함께 다녀왔다. 열 살 때 동생을 데리고 혼자 여행을 떠났던 그 아이가 이제는 어른이 되어 자신의 아이와 함께 여행을 다니고 있다.

어쩌면 주저없이 혼자 여행을 떠날 수 있을 때 우리는 진짜 어른으로 성장할 수 있지 않을까 싶다. 〈여덟 살, 혼자 떠나는 여행〉의 주인공처럼 여덟 살에 혼자 떠난 여행, 나처럼 열 살에 혼자 여행을 한 경험이 있는 사람과 평생토록 혼자서는 여행을 떠날 생각조차 못하는 사람. 그들의 삶에는 어떤 차이가 있을까? 어른이 되기 위해서는 꼭 혼자 여행을 해봐야 한다고 주장하고 싶지 않지만, 혼자 여행을 떠난다는 건 낯선 여행지에서 부딪히는 많은 일을 혼자 결정하고 책임지는 '독립심'을 기르는 기회가 되리라 생각한다.

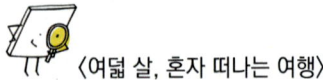 〈여덟 살, 혼자 떠나는 여행〉

우 니엔쩐 글 | 관 위에수 그림 | 2004 | 베틀북

책 제목만 보면 반신반의하게 된다. '정말 여덟 살에 혼자 여행을 떠난다고?' 처음에는 판타지 장르가 아닌가 생각했다. 그러나 예상과 달리 실제로 작가가 여덟 살에 떠난 여행이라고 한다. 이 책에는 세 명의 할머니가 등장한다. 주인공의 친할머니, 목적지인 이모할머니, 기차 안에서 만난 노상하는 할머니. 주인공은 이모할머니 집에서 우산을 받아오라는 아빠의 심부름으로 떠난 여행이다. 출발, 도착 그리고 여행 가운데 만난 할머니들. 이제 막 인생을 살기 시작한 소년이 만난 할머니들은 그에게 아주 중요한 의미가 된다.

용기는 심성에서 우러나온다,
<모치모치 나무>

 아이와 함께 간 도서관에서 <모치모치 나무>라는 연극을 한다길래 무슨 내용인지도 모른 채 아이와 아이 친구만 들여보냈다. 그 틈에 나는 밖에서 커피 한 잔 마시며 쉴 생각이었다. 세상 모든 엄마라면 알겠지만 반복되는 육아의 일상 속에 그렇게라도 쉬는 시간을 만들지 않으면 좀체 숨 돌릴 여유가 없기 때문이다. 그런데 중간에 아이들이 연극을 잘 보고 있는지 확인하러 잠시 들어갔다가 나도 모르게 자리에 앉아 끝까지 다 보고 말았다. 연극의 첫 장면이 나의 어린 시절과 너무나 닮았기에.

할아버지와 둘이서만 사는 다섯 살의 남자아이 마메타. 마메타는 한밤중 화장실에 혼자 가는 게 무서워서 꼭 할아버지를 깨운다. 마당에 있는 모치모치 나무가 낮 동안에는 괜찮으나 밤에는 귀신처럼 보여서 무섭기 때문이다. 할아버지는 아직 화장실도 혼자 못 가는 마메타를 겁쟁이라고 하면서도 그런 마메타가 가엾고 사랑스러워 늘 같이 화장실을 가준다.

모치모치 나무에는 전해져 오는 전설이 있는데, 일 년에 한 번 용기 있는 사람만이 나무에 불 켜지는 걸 본다는 것이다. 마메타의 할아버지도, 돌아가신 아버지도 그 불을 보았다고 한다. 그러나 겁쟁이인 마메타는 왠지 모치모치 나무에 불 켜진 것을 보기는 어려울 듯해 보인다.

어린 시절, 우리 집도 화장실이 집 안이 아니라 마당 한쪽 구석에 있었다. 그래서 화장실을 가려면 마루를 지나 밖으로 나가야 했다. 밤에 화장실이 급할 때는 혼자 가기가 무서워서 동생을 깨웠다. 물론 동생은 싫어했지만, 그때 내가 동생을 꼬드긴 방법은 재미있는 얘기를 들려주는 거였다. 사실 재미있는 이야기란 동생이 아직 읽지 못한 동화책 중 내가 먼저 읽은 것을 얘기해주는 거였는데, 동생은 그 얘기 듣는 재미에 나를 따라나서곤 했다.

막상 화장실에 가면 동생에게 일 보는 모습을 보이고 싶지 않아 문을 닫고 있으니 동생이 진짜 내 얘기를 듣고 있는지 방으로 가버렸는지는 알 수 없었다. 그래서 동생보고 화장실 문 앞에 있는 나뭇가지를 흔들어 보라고 했다. 만약 그 나뭇가지가 바람에 흔들렸다면 나도 마메타가 모치모치 나무를 무서워하는 것처럼 무서웠겠지만, 동생이 흔드는 '신호'라 안심이 되었다. 연극 〈모치모치 나무〉의 시작은 이런 나의 어릴 적 추억을 너무 생생하게 떠올리게 했고, 화장실 앞에 있던 나무조차 너무 똑같았다.

한편, 한밤중 할아버지의 앓는 소리에 잠이 깬 마메타. 겁쟁이였던 마메타는 할아버지를 살리기 위해 무서운 밤길을 달려서 의사 선생님을 모시고 온다. 마메타는 의사 선생님을 모시고 오는 그 길에서 용기 있는 자만이 볼 수 있다는 불 켜진 모치모치 나무를 본다. 이로써 마메타는 겁쟁이가 아니라 용기 있는 아이가 된 것이다.

〈모치모치 나무〉의 결말은 마메타가 나무에 불 켜진

것을 본 것으로 끝나지 않는다. 다음 날, 마메타는 여전히 한밤중에 화장실을 가기 위해 할아버지를 깨운다. 그렇다면 마메타의 용기는 그 순간으로 끝난 것일까?

나는 지금까지 살면서 언제 용기가 필요했을까. 대학을 졸업하고 직장에 취직했으나 적성에 맞지 않는다는 이유로 그만두고 일본 어학연수를 떠났을 때, 남들은 결혼해야 한다고 하는 스물일곱에 호주 워킹홀리데이를 떠났을 때(그 시절에는 스물일곱이라면 벌써 노처녀 대열로 진입하는 나이였다), 호주를 다녀와서 이를 책으로 만들기 위해 기획서 들고 직접 출판사를 찾았을 때, 서른셋 5년의 결혼 생활을 정리하려는 그때, 이혼 후 아직 낯설었던 해외 취업을 결정했을 때, 재혼을 결정할 때, 다시 한국으로 돌아올 때, 입양을 결정할 때 등등.

내 인생의 굽이굽이마다 용기가 필요했던 시점이 있었던 것 같다. 그렇다면 용기는 절박한 상황에서만 초인적인 힘을 통해 생기는 것일까? 마메타가 할아버지를 위해 무서운 밤길을 달렸던 것처럼 긴박한 상황에서만 용기가 생기는 것일까?

〈모치모치 나무〉그림책 원본에는 저자 사이토 류스케의 후기가 있다(우리나라에서 나온 번역본에는 그 후기가 없다). 일본어를 아는 나는, 그 후기를 읽고 저자가 말하는 용기를 이해하는 데 큰 도움이 되었다. 이 책은 용기 있는 자만이 불 켜진 모치모치 나무를 본다는 단순한 이야기가 아니다. 마메토가 용기를 낼 수 있었던 건 할아버지를 생각하는 '고운 마음씨'에서 나온 것이라고 저자 후기에 쓰여있다. 실제로 그림책 〈모치모치 나무〉에서 할아버지는 마메토에게 이렇게 말한다.

"자기를 겁쟁이라고 생각하지 마라. 사람은 고운 마음씨만 있으면 해야만 하는 일은 꼭 해내는 법이지."

그제야 나는 용기가 어디서 나오는지 알 것 같았다. 어쩔 수 없는 극한 상황에서 나오는 초인적인 힘이 용기가 아니라, 다른 사람을 생각하는 선한 마음에서 나오는 것이 진정한 용기라는 걸 말이다.

생각나는 사람이 있다. 이제는 십수 년도 훨씬 더 지난 일이지만 2001년 일본 신오쿠보역에서 선로에 떨어진 취객을 구하려다 목숨을 잃은 故 이수현 씨. 그가 용기를 낸 것은 선로에 취객이 떨어진 긴박한 상황이라서가 아니라 타인을 생각하는 숭고한 마음에서였다. 그렇지 않았다면 그 역에 있던 수많은 사람 중에 이수현 씨와 일본인 카메라맨 세키네 시로 씨만 선로로 뛰어들었다는 건 이해하기 어렵다.

故 이수현 씨를 주제로 한 〈구름다리가 된 수현〉(요시카와 마코토 글, 2002, 북뱅크)이라는 그림책이 있다. 이 책에는 이수현 씨에 관한 다양한 에피소드가 나오는데, 고려대학교 재학 시절 학생이 타는 자전거에 치일 뻔한 할아버지를 그가 달려가 구했다고 한다. 그때 보고도 못 본 체하며 지나가던 학생들에게 화가 난 수현 씨는, '어째서 1

초라도 빨리 노인을 구하려고 하지 않는 것인가?'라는 글을 대학교 게시판에 써 붙였다고. 이 글만 봐도 그가 평소 어려운 상황의 사람을 돕는 고운 마음씨를 지닌 사람이란 걸 알 수 있다.

나의 용기도 어쩌면 누군가를 생각하는 고운 마음씨에서 비롯된 건 아니었을까 생각해본다. 사실 우리 부부는 아이를 입양했다. 가끔 입양 부모들을 만나보면 임신을 위해 온갖 노력을 했음에도 임신이 되지 않아 어쩔 수 없이 입양이라는 방법을 선택했다고 얘기한다. 그러나 임신이 되지 않는다고 꼭 입양을 선택하는 사람만 있는 건 아니다. 아예 아이를 포기하는 사람도 있으니까. 입양을 선택하는 이들은 아이를 가질 수 없는 자신들의 절박한 상황 때문이 아니라 책임지지 못하는 부모로 인해 버려지는 아이들에게 가정이 있으면 좋겠다는 선한 마음에서 그런 결정을 했다고 본다.

용기란 절박한 상황으로 인해 생긴다는 단순한 생각은

어린아이 같은 마음이리라. 마메토가 할아버지를 생각하는 고운 마음씨 하나로 무서운 밤길을 달려가 의사 선생님을 모셔온 것처럼, 타인을 생각하는 선한 마음에서 우러나는 용기가 진짜라는 걸 깨닫는 게 어른의 자세일 것이다.

밤마다 화장실에 혼자 가지 못하는 어린아이의 두려움. 그 두려움을 향해 '넌 왜 그렇게 겁이 많아? 용기도 없어?'라고 다그치기보다 따뜻하게 안아주는 포용력 있는 어른이 되고 싶다. 그리고 밤에 불 끄는 걸 무서워하는 아이에게 이불을 뒤집어쓰라고 한 뒤 '하나, 둘, 셋' 하고 외치면 불 끄는 놀이로 아이의 무서움을 함께하는 '엄마'이자 '어른'인 내가 있다. 마메토의 할아버지처럼.

 〈모치모치 나무〉

사이토 류스케 글 | 다카다이라 지로 그림 | 2004 | 주니어랜덤

작가 사이토 류스케의 〈모치모치 나무〉는 일본 국어 교과서에 실릴 정도로 유명한 작품이다. 그림을 그린 다카다이라 지로는 신문에 연재만화를 그린 유명 작가이다. 목판화로 제작된 〈모치모치 나무〉의 그림은 간결하면서도 박진감 넘치게 이야기 전개를 보여주고 있다. 단순한 내용이지만 할아버지와 손자의 행동에는 많은 의미가 담겨 있다. 할아버지를 위해 용기를 낸 순간에 본 모치모치 나무의 불빛은 앞으로 마메타가 성장하는 데 큰 자양분이 되지 않을까.

 〈구름다리가 된 수현〉

요시카와 마코토 글 | 아지토 게이코 지로 그림 | 2002 | 북뱅크

원제는 〈いのちの音(생명의 소리)〉이다. 작가 요시카와 마코토는 두 손을 모아 기도하고 있으면 고인이 된 두 사람의 생명 소리가 들린다고 했다. 故 이수현 씨를 기린 그림책이 우리나라가 아니라 일본 작가에 의해 쓰이고 출간됐다는 사실이 다소 아쉽지만, 억지스러운 교훈으로 쓰인 것이 아니라 故 이수현 씨의 어린 시절과 청년 시절의 꿈들이 함께 쓰여 있어서 더 감동적이다. 2002년 한일 월드컵 때 자원봉사를 하고 싶었다고 했는데 하늘에서 본 한일 월드컵은 어땠을까? 이 책은 아쉽게도 절판되어 더는 볼 수 없다.

나를 찾고 싶은 나에게

또 다른 나를 발견하는 과정,
<보물>

〈보물〉이라는 그림책을 읽으면서 주인공 이삭이 자기 침대 밑에서 보물을 발견했을 때, 나는 그 유명한 책 〈파랑새〉(모리스 마테를링크·우현옥 저, 2019, 봄볕)를 떠올리며 '소중한 건 가까이 있는 것'이란 결론을 성급하게 내리려 했다. 그랬다면 난 아마 〈보물〉이란 책을 금방 잊고 말았을 것이다. 그런데 마지막 부분에 쓰인 글귀가 두고두고 생각났고, 그 글귀로 인해 이 책을 몇 번이나 들춰보게

보물 ⓒ 유리 슐레비츠 글·그림, 2017, 시공주니어

되었다. 그 마지막 글귀란 이 책에서 유일하게 필기체로 쓰인 문장이기도 했다. '가까이 있는 것을 찾기 위해 멀리 떠나야 할 때도 있다.' 그래서 다시금 책을 찬찬히 읽기 시작했다.

주인공 이삭은 집에 매우 가난해서 끼니를 거른 채 잠자리에 드는 날이 많다. 어느 날, 꿈속에서 수도에 가면 왕궁 앞 다리 밑에 보물이 있으니 찾아보라는 목소리를 듣는다. 잠에서 깬 이삭은 처음에는 꿈이라고 무시했으나 똑같은 꿈을 세 번이나 더 꾸고서야 왕궁으로 길을 떠난다.

막상 왕궁 앞 다리에 도착하니 보초들이 밤낮없이 그곳을 지키고 있다. 이삭이 보물을 찾지 못한 채 몇 날 며칠을 다리 앞에서 서성이는 걸 보고 보초 대장이 말을 건다. 이삭은 보초 대장에게 보물 얘기를 했고, 보초 대장은 무슨 쓸데없는 얘기냐며, 내 꿈대로라면 당신이 떠나온 그 마을로 가 이삭이란 사람의 아궁이 밑에서 보물을 찾아보라고 말한다.

이삭은 다시 산을 넘어 걷고 또 걸어 고향에 도착한다. 그리고 자신의 집 아궁이를 파보니 정말 보물이 있었고, 그 보물로 예배당을 세운다. 이때 벽 한 귀퉁이에 무언가를 새기는데, 그게 바로 '가까이 있는 것을 찾기 위해 멀리 떠나야 할 때도 있다.'라는 글귀다. 여기서 책이 끝나는 게 아니다. 이삭은 보초 대장에게 값비싼 보석을 보내주고 죽는 날까지 부유하게 살았다고 한다.

이쯤에서 생각하게 되는 건 과연 '보물은 무엇이었을까?'이다. 만약 이삭이 발견한 그 결과물이 보물이었다면 이삭은 오랜 시간 쓸데없는 짓을 했다고 생각할지도 모른다. '자기 집에 있는 줄도 모르고 말이야.' 하고. 그런데 이 생각과 다른 생각을 하게 만든 건 마지막 글귀였다. '가까이 있는 것을 찾기 위해 멀리 떠나야 할 때도 있다.'

이 말은 '소중한 것은 가까이에 있다.'와는 아주 다른 말이기 때문이다. '소중한 것은 가까이에 있다.'라고 한다면 그걸 모르고 떠난 주인공이 어리석었다고 말할 수 있지만, '가까이 있는 것을 찾기 위해 떠나야 할 때도 있다.'라는 건 그 모든 과정이 중요하다는 얘기가 된다.

그렇다. 인생이란 가까운 것을 찾기 위해 멀리 떠나야 할 때가 있다. 가난해서 무기력한 이삭, 먹을 게 없어서 잠만 자던 이삭이 처음부터 아궁이에 보물이 있다는 목소리를 들었다면 과연 어떻게 되었을까? 이삭에게 멀리 떠날 '이유'가 없었다면 이삭은 아무런 노력도 하지 않았을 것이다. 보물을 발견했다 하더라도 그걸 가지고 아무것도 하지 않았을 수도 있었다. 하지만 이삭은 몸을 일으켜 수도까지 걸어가면서 많은 것을 배웠을 것이다. 그리고 먼 길을 걸어가서 만난 보초 대장의 농담 같은 말이 실로 이삭에게는 훌륭한 조언이었을지 모른다.

우리는 살면서 '조언자'의 도움이 필요할 때가 있다. 그리고 그 조언을 귀담아들어야 한다. 이삭은 보초 대장의 조언 한마디가 고마워서 그 보답으로 약간의 보물을 보내주었던 것 같다. 이삭이 가까이에 보물이 있는 걸 발견하고도 자신이 괜한 짓을 했다고 생각하지 않은 이유는, 보물을 찾는 과정에서 중요한 깨달음을 얻었기 때문 아니었을까.

〈보물〉의 주인공 이삭을 보고 있노라니 나의 인생도 마치 수도로 떠난 이삭의 여정처럼 느껴졌다. 나는 처음부터 있던 것조차도 언제나 한발 뒤늦게 깨닫는 편이라 후회하는 일이 많았다. 그러나 그 과정이 아예 없었다면 깨달음조차 없었다는 걸 〈보물〉을 읽고 알게 되었다. 내게는 '결혼'이 대표적인 예다.

나는 이혼 후 오랫동안 무기력한 시간을 보냈다. 일본에서 직장 생활을 할 때도 회사와 집만 오갔으며, 밤에 맥주 한 캔 마시고 자는 게 나의 유일한 일과였다. 이삭이 침대에 누워서 잠만 잤던 것처럼 나 역시 그렇게 몇 년을 지냈다. 무엇보다 결혼에 대한 비판적이고 회의적인 생각이 나를 잠식했다. 그러던 어느 날, 나는 재혼을 결심하게 되고 그 과정에서 나의 목소리에 귀를 기울이게 되었다.

'내가 싫어했던 건 실패한 결혼이야. 난 좋은 남자를 만나 행복한 결혼 생활을 영위하고 싶은 마음이 간절해.'

내 마음 깊은 곳에 결혼을 원하는 마음이 있다는 걸 깨달았다. 이삭이 길을 떠난 것처럼 나 역시 시간이 있을 때마다 집 밖을 나와 사람들을 만나러 돌아다니기 시작했고, 결국 재혼을 하기에 이르렀다.

재혼 후 나는 '왜 처음부터 결혼의 소중함을 몰랐을까, 왜 결혼은 미친 짓이고 필요 없다며 무시했을까?' 하는 의구심을 갖게 되었다. 곰곰 생각해보니 '결혼은 소중하다.'라는 사실을 깨닫기 위해 이혼을 선택했고, 또 다시 재혼하는 다소 삽질스러운 과정과 시간이 내게 필요했던 거다. 그리고 내게 중요한 건 결혼이라는 하나의 '결과물'이 아니라 결혼을 하기 위한 '과정'이란 걸 깨달았다.

나 스스로가 더 나은 사람, 더 좋은 사람이 되기 위해 노력했다. 이삭이 보물이 있다는 곳에서 며칠을 서성거렸던 것처럼 나이 들어서 남자 만나기 어렵다는 상황에서도 다양한 사람들을 만나기 위해 여러 곳을 돌아다녔다. 그리고 보초 대장의 말을 듣고 자신의 집으로 되돌아가 아궁이 밑을 팠던 이삭처럼 나 또한 결혼이란 무엇인지, 어떤 게 좋은 결혼인지 많은 사람에게 배우고 다녔다.

어쩌면 세상 누구보다도 잘 안다고 확신하는 자기 자신에 대해서도 마찬가지라는 생각이 든다. 우리는 다양한 상황 속에서 또는 타인을 만나면서 전혀 예상치 못한 자신의 모습을 발견하고는 깜짝 놀라기도 하니까. 결혼에 실패한 내가 그 무엇보다 결혼을 간절히 바라고 있다는 것처럼. 이혼 후 일본에서 생활하며 다시금 결혼을 생각했던 그 과정들이 결국 나 자신을 깨닫게 해주는 과정이었던 셈이다. 그리고 그 과정이 결코 쓸데없거나 어리석었던 시간이 아니라 반짝반짝 빛나는 보물 같은 시간이었음을 알게 해준 보물 같은 책 〈보물〉은, 나를 진짜 어른으로 만들어준 또 하나의 그림책이다.

 〈보물〉

유리 슐레비츠 글·그림 | 2017 | 시공주니어

〈보물〉은 영국에서 전해오는 옛이야기를 작가 유리 슐레비츠가 자신만의 문장과 그림으로 재구성한 책이다. 유리 슐레비츠는 폴란드 출신으로 네 살 때 2차 세계대전을 겪으면서 바르샤바를 탈출해 유럽을 돌아다니게 되었는데, 이때 전쟁과 각 나라의 문화적 경험을 하게 되었다고 한다. 〈보물〉 외에도 〈내가 만난 꿈의 지도〉에서는 먹을 것 대신 '지도'를 준 아버지의 의미를 얘기하고, 〈새벽〉이란 책은 할아버지와 손자가 함께 맞이하는 '새벽'이라는 찰나의 시간을 아름답고 철학적으로 묘사했다. 그림책에서 만나는 작가의 철학적 이야기는 그림책이 아니면 만나기 어려운 이야기들이라 더 매력적이다. 유리 슐레비츠는 〈그림으로 글쓰기〉라는 책을 통해 그림으로 어떻게 스토리 텔링이 되는지 친절하게 설명하고 있어 그림책 입문자들에게 많은 도움이 되기도 한다.

나의 죽음을 받아들일 수 있다면,
<오필리아의 그림자 극장>

어른이 된다는 건 탄생의 순간에서 멀어져 죽음의 시간으로 가까이 다가간다는 뜻이기도 하다. 어렸을 때는 '죽음'이란 단어를 떠올릴 일이 거의 없지만, 어른이 되면서는 죽음에 대한 생각을 좀 더 자주 하게 된다. 어느 순간부터는 내 일이 될지도 모른다는 생각도 하게 되고, 주변의 죽음을 실제로 자주 접하기도 한다. 나 역시 아버지만이 아니라 친구의 아버지, 친척 등 이미 많은 죽음을 경험하

오필리아의 그림자 극장
ⓒ 미하엘 엔데 글, 프리드리히 헤헬만 그림, 2001, 베틀북

고 있다.

나는 아버지가 돌아가실 때 그전과 달리 죽음에 대해 많은 생각을 하게 되었다. 인정하기 싫지만 죽음이 임박해 왔음을, 믿고 싶지 않으나 눈앞에서 벌어지는 죽음의 과정들, 그리고 받아들이기 싫지만 받아들여야 하는 사후의 일들. 죽음이란 단순하지 않았다. 죽음도 끝이 아니라 또 하

나의 과정이라 할 만큼 수많은 감정과 일들이 그 안에 있었다. 종교가 생겨난 이유 중 하나인 '인간에게 죽음이 있기 때문'이란 말도 이해가 되었다. 삶 가운데 노력하면 인간의 의지로 가능한 일도 많지만 죽음은 오로지 신의 영역이다. 인간의 힘으로 어쩔 수 없는 일이 바로 죽음이니까.

사람이 태어나면 당연히 죽는 것이기에 죽음은 두려운 게 아니라 세상의 이치라는 걸 우리 모두 알고 있다. 그러나 나와 가까운 사람의 죽음을 접하게 되면 무슨 수를 써서라도 그 죽음을 막고 싶고, 부정하고 싶어진다. 장례식을 치르고도 죽음을 실감하지 못하는 시간을 맞게 된다. 마치 결혼식을 올리고 난 뒤 사랑하는 사람과 한집에 사는 게 실감 나지 않는 것처럼 말이다.

나는 아버지가 돌아가신 뒤 꿈에서 살아 계신 아버지를 만나 놀라서 깨는 일이 여러 번 있었다. 이처럼 우리는 타인의 죽음조차도 부정하고 싶은데, 막상 자신이 죽음의 문

앞에 서 있다면 어떤 기분이 들까. 우리는 자신이 태어난 순간을 모르는 것처럼 죽음 역시 우리가 모르는 순간에 찾아본다. 자신의 탄생 순간을 기억하거나 얘기할 수 없듯이 죽음의 그 순간을 누구에게도 얘기할 수는 없는 것처럼.

〈오필리아의 그림자 극장〉은 평생 홀로 살던 오필리아가 인생의 마지막을 보내는 이야기이다. 연극배우가 꿈이었던 오필리아는, 작은 목소리 탓에 평생 객석이 보이지 않는 조그만 상자 속에 들어가 배우들이 대사를 잊어버릴 때마다 관객들이 들리지 않게 대사를 얘기해주는 직업을 갖고 있다.

세월이 흘러 사람들이 더 이상 연극을 보러 오지 않자 오필리아는 일을 할 수 없게 된다. 그때 오필리아 앞에 나타난 것은 바로 '그림자'였다. 그림자는 자신을 '주인 잃은 그림자'라고 소개하자 오필리아는 자신에게 오라고 한다. 그리고 이미 있는 자신의 그림자와 사이좋게 지내라고 한다. 그렇게 두 개의 그림자를 가지게 된 오필리아에게 또 다른 주인 잃은 그림자들이 찾아온다.

여러 그림자와 함께 살게 된 오필리아는 다른 사람들에게 오해를 받게 되고, 심지어 살고 있던 집에서도 쫓겨난다. 무작정 길을 떠나 낯선 마을에 도착하게 된 오필리아. 이곳에서 주인 잃은 그림자들은 오필리아의 생계를 마련해주기 위해 자신들이 배우가 되어 연극을 하게 된다. 연극은 대 히트를 하고, 자동차 한 대를 구해 '오필리아 그림자 극장'이란 이름으로 전 세계를 다니며 연극을 한다.

여기까지 보면 이야기는 해피엔딩이다. 오필리아는 그렇게 친구도 얻고, 직업도 갖게 되었다는……. 그러나 이야기는 여기서 끝나지 않는다. 오필리아가 자동차를 몰고 가다가 눈보라 한가운데서 오도 가도 못 하고 있을 때, 아주 큰 그림자가 나타난다. 그 그림자는 다름 아닌 '죽음'이었다. 오필리아는 그 그림자마저도 받아들인다. 그러자 오필리아 앞에는 천국이 펼쳐지고, 주위에 아름다운 이들이 화려한 옷을 입고 쭉 둘러서 있다. 그리고 그들에게 이끌려 간 곳은 '오필리아 빛의 극장'이었고, 그녀는 천사들 앞에서 연극을 한다.

나는 이 책을 다 읽고 난 뒤 조용히 눈을 감고 남겨진 여운을 오래도록 음미했다. 오필리아 그림자 극장에서 빛의 극장이 되기까지의 과정에는 '죽음'이 있었다는 것, 그리고 책 제목이 '오필리아 빛의 극장'이 아니라 '오필리아의 그림자 극장'이라는 게 여러 생각을 하게 했다. '오필리아의 그림자 극장'이 있었기에 '오필리아 빛의 극장'이 있을 수 있었던 것이다. 삶과 죽음이 떼려야 뗄 수 없는 관계인 것처럼.

우리는 타인의 죽음을 지켜보는 게 부정적 경험이라고 여길지도 모르겠다. 하지만 우리는 이를 통해 자신의 죽음을 생각하게 된다. 이 과정을 통해 우리는 무엇을 생각하는 걸까? 그것은 아이러니하게도 죽음이 아니라 삶이다.

몇 년 전 아버지의 죽음을 겪으면서 상실감, 분노, 슬픔

등의 감정이 폭풍처럼 지나고 난 뒤 내게 찾아온 것은 '삶에 대한 의지'였다. 언젠가 나의 생이 끝나고 하늘나라에 가서 아버지를 만나게 된다면 혹은 지금 하늘에서 지켜보고 있는 아버지에게 나는 열심히 삶을 사는 딸이 되고 싶었다. 그렇게 된다면 죽음의 순간에 먼저 간 내 가족과 친구들을 기쁜 마음으로 만나러 갈 수 있을 것 같다. 어쩌면 오필리아처럼 그림자 극장이 빛의 극장이 되는 경험도 할 수 있지 않을까.

처음 오필리아를 찾아온 그림자들은 '죽음'이 아니었다. 실의에 빠진 오필리아에게 새 삶을 살게 해주는 그림자들이었지만 모두 죽음을 맞게 된다. 그리고 그 죽음마저도 오필리아는 담담하게 받아들인다. 오필리아가 죽음을 담담하게 받아들일 수 있었던 이유는 무엇이었을까? 그동안 그림자들을 받아들여서? 아니면 이제 하늘나라로 가야 할 때가 되었다고 생각해서?

죽음에 대해 많은 경험이 있는 건 아니지만 죽음을 담

담하게 받아들이는 일이 얼마나 어려운지 잘 알기에 〈오필리아의 그림자 극장〉의 여운이 오래 남는 것 같다. 아직 남은 생이 많다고 생각되지만 어렸을 때보다 '죽음'에 대해 조금 더 많이 그리고 구체적으로 생각하는 나이가 되었다는 건 진짜 어른이 되어가는 과정 중의 한 부분일 수도 있겠다는 생각을 갖게 만든다.

 〈오필리아의 그림자 극장〉

미하엘 엔데 글 | 프리드리히 헤헬만 그림 | 2001 | 베틀북

작가 미하엘 엔데는 시간 도둑과 시간을 지키려는 소녀의 판타지 이야기로 유명한 소설 〈모모〉의 작가이다. 〈오필리아의 그림자 극장〉이란 어쩌면 가족이 없는 여자의 인생 마지막 이야기가 아

닐까 싶다. 주인 잃은 그림자를 받아들여 자신의 노년을 빛나게 살고, 또 그 대가로 천국에 가서는 빛의 극장에 서게 된다는 내용은, 살아 있는 사람들이 막연히 생각하는 '죽음'이 천국, 빛으로 가는 길이라는 해석을 보여주고 있다. 죽음을 받아들이는 것에 대해 오래도록 생각하게 만드는 그림책이다.

세상에서 혼자가 아닌 나,
<나는 누구일까?>

"내가 누구인지 말할 수 있는 자는 누구인가."

셰익스피어의 <리어왕>에 나오는 아주 유명한 대사다. 이처럼 자기 자신에 대한 고뇌를 잘 표현한 말이 또 있을까. 청소년기의 주요 과제가 '자아정체성(identity)' 확립일 만큼 우리는 살면서 자신에 대해 무수히 많은 고민을 한다. 그래서 우리는 어른이 되면 자신에 대해 좀 더 명확히 알게 되겠지, 혹은 자신에 대해 잘 아는 어른이 될 거로

나는 누구일까? ⓒ 박상은 글·그림, 2013, 현북스

믿는다. 그런데 과연 그럴까?

  나도 지금껏 '언젠가는 나에 대해 잘 알겠지.'라는 생각을 하며 살았다. 그저 막연히 그런 날이 곧 오리라 생각했다. 마흔이 되면, 쉰이 되면, 예순이 되면, 하고 말이다. 그런데도 늘 결론은 하나. 아직도 나를 잘 모르겠다. 왜 그럴까. 이유가 뭘까. 나는 이 책을 읽으면서 드디어 그 답을 찾았다.

〈나는 누구일까?〉라는 그림책은 알쏭달쏭한 까망이가 주인공으로 등장한다. 까망이는 자기 자신에 대해 무척 궁금해하는 동시에 다른 친구들을 부러워한다. 발바닥이 푹신하고 부드러운 고양이, 줄무늬가 근사한 얼룩말, 깃털이 부드러운 벌새 등. 까망이는 자기 자신에게 어떤 좋은 점이 있는지 볼 수 있는 나무에, 들을 수 있는 나비에게, 말할 수 있는 파도에 물었으나 아무런 대답을 듣지 못한다.

그때 황금 열쇠를 가진 새 한 마리가 날아와 까망이에게 갖다 대자 보물 상자가 열린다. 까망이는 다름 아닌 '열쇠 구멍'이었던 거다. 상자에 아무리 많은 보물이 있어도 까망이가 없으면 열 수 없었다. 까망이는 그냥 작고 까만 아이가 아니라 가슴에 보물을 가득 품은 아이였던 거다.

본문을 다 읽고 나면 그림책의 표지 그림이 무엇인지 알게 된다. 정체 모를 그 그림은 열쇠 구멍이고, 열쇠 구멍 속에 온갖 보물들이 그려져 있다. 내가 이 책을 읽고 좋았던 건 나 자신이 바로 '열쇠 구멍'이란 사실을 깨달았다는 것. 또 그 열쇠 구멍이 독립적인 존재가 아니라 '연결 통로'라는 새로운 사실도 알게 되었다.

내가 누구인지를 고민할 때 대부분 사람은 오롯이 자신만 바라본다. 내가 무엇을 잘하고 못 하며, 어디서 태어났고, 지금 무얼 하고 있는지 등을 생각한다. 그런데 이 책을 읽고 나서는 나 자신이 독립적인 존재일 수도 있지만 타인과 타인을 이어주는 연결 통로가 될 수도 있다는 생각을 갖게 되었다. 이는 아주 큰 발상의 전환이었다. 단 한 번도 내가 무엇과 연결된 존재라는 생각을 하지 못했는데, 이 책을 읽고 나니 내가 어딘가를 연결해주는 사람일 수도 있겠구나 싶었다.

십 년 가까이 수많은 여자의 연애와 결혼 상담을 했다. 많은 사람이 '나'라는 사람의 연골 통로를 통해 연애와 결혼이란 보물을 얻어간 게 아닐까. 그리고 현재의 나는 아이를 키우는 부모 세대와 아이 세대의 중간 연결 통로가 된 느낌이다. 어쩌면 우리의 존재 의미는 타인과의 관계

속에서 그 의미가 있다는 생각에 이르렀다.

한 아이의 엄마가 되면 '누구누구 엄마'라고 불리는 경우가 대부분이다. 그러다보니 많은 엄마가 내가 누구인지 모르겠다고 말한다. 그런데 '누구누구 엄마'라는 건 내가 만든 게 아니라 아이가 내게 붙여준 이름이란 생각이 든다. 아이가 없다면 결코 얻을 수 없는 소중한 이름. '누구누구 엄마'라는 것도 또 하나의 내 이름이라 할 수 있다.

특히 결혼을 하면 얻게 되는 이름도 상당하다. 며느리, 외숙모, 작은 엄마, 새언니 등등. 마치 내가 아닌 듯 어색하지만, 그 또한 나와 타인과의 관계를 통해 붙여진 나의 새로운 이름이다. 어른이 된다는 건 이런 관계 속에서 자기 자신의 모습을 조금씩 알아가는 게 아닐까. 더불어 타인에게 자기 모습을 투영시키며 살아가는 것일 수도.

이 책을 읽고 얻은 또 하나 깨달음은, 자기 자신에 대한 고찰(**考察**)은 평생 해야 한다는 거다. 그러니 어른이 되어서도 여전히 답을 찾지 못했다고 자책할 필요는 전혀 없다. 오히려 나이가 들수록 상황이란 늘 바뀌기에 '나는 누구인가?'라는 질문에 대한 답도 바뀔 수밖에 없다. 꼭 하나의 답만 찾으려 애쓰는 건 잘못된 생각이다. 진짜 어른이 되기 위해서는 자신이 내놓는 답이 상황마다 다를 수 있고, 또 타인과의 관계를 통해 정의될 수 있다는 사실을 인정하고 받아들여야 한다. 그래야 주변 사람들이 한없이 소중한 보물처럼 여겨질 테니까. 다시 한번 내 가족과 친구들 그리고 주변 사람들에게 따뜻한 마음을 보내본다. 나는 그들을 연결하는 '열쇠 구멍'이니까.

〈나는 누구일까?〉

박상은 글 · 그림 | 2013 | 현북스

제2회 앤서니 브라운 신인 작가 공모전 수상작으로, 독특한 아이디어에서 출발한 이야기와 과감한 색채의 그림이 어우러진 멋진 작품이다. 특히 열쇠 구멍이 캐릭터가 될 수 있다는 작가의 독특한 생각이 재밌다. 박상은 작가는 장애를 겪고 있는 아이들을 수업에서 만나면 '넌 특별하고 소중한 존재야.'라는 사실을 알려주고 싶었다고 한다. 겉보기에 화려한 친구들 속에서 아무것도 없어 보이는 까망이가 결국은 자신 속에 보물이 있다는 걸 깨닫는 장면은 참으로 감동적이다.

일하고 있는 나에게

당신은 비정규직인가요?
<매미>

내가 대학을 졸업하고 회사에 입사할 때만 해도 '비정규직'이라는 이름 자체가 없었다. 회사에 입사하면 정사원이 되는 게 당연했으니까. 그러다 IMF가 터지면서 고용 관계는 복잡해지고 정규직이라는 이름 외에 비정규직, 계약직, 파견직 등등 다양한 계약조건의 이름들이 생겨나기 시작했다. 그러나 이런 상황이 경제적 어려움으로 인해 어쩔 수 없는 제도라고 하더라도 막상 취업난에 부딪히게 되면

매미 ⓒ 숀 탠 글·그림, 2019, 풀빛

자신이 정규직인지 비정규직인지는 인생 최대의 문제가 된다.

이런 세태를 고스란히 반영하듯 비정규직을 주인공으로 한 웹툰 〈미생〉은 엄청난 조회 수를 기록하며 직장 초년생은 물론 직장인들의 공감을 이끌었으며, 드라마로도 만들어져 엄청난 인기를 끌었다. 최근에는 비정규직 교사의 이야기를 담은 드라마 〈블랙독〉이 방영되었고, 일본에서 방영된 드라마 〈파견의 품격〉을 우리나라에서 〈직장의 신〉이라는 제목으로 리메이크해 파견직에 관한 이야기를 다뤘다. 그림책에도 비정규직 이야기를 떠올리게 하는 책이 있다. 그건 바로 숀 탠의 〈매미〉라는 작품이다. 책 표지에는 서류를 한 묶음 들고 있는 양복 입은 매미가 그려져 있고, 그 발밑으로는 각종 서류가 흩어져 있다.

주인공 매미는 고층빌딩에서 데이터 입력하는 일을 한다. 17년 동안 아파도 쉬지 않고 일했으며, 실수도 하지 않았다. 하지만 매미는 인간과 차별을 받으며 회사에 다니고 있다. 이 시점에서 정규직과 비정규직이 떠오른다. 인간은 정규직, 매미는 비정규직인 셈이다. 17년 동안 매미가 제자리에 머물 때 승진은 오르지 인간만 했다. 화장실도 매미는 공중화장실을 가야 하는데, 공중화장실을 다녀오면 그 시간만큼 회사는 임금을 깎는다. 그리고 동료들의 괴롭힘, 집이 없어 사무실 한쪽에서 기거해야만 하는 등 매미는 온갖 수모를 겪으면서 그 긴 시간을 버틴다.

매미가 은퇴하는 날, 17년 동안 다녔던 회사에서는 파티도 없고 악수도 없었으며, 당장 책상을 치우라고 한다. 그리고 매미는 옥상에 올라간다. 이 장면에서 나는 뭔가 불안한 마음이 들었다. 혹시? 하지만 그 다음 장면은 껍데기를 가르며 나온 매미가 힘차게 하늘을 향해 날아가는 모습이다. 그리고 매미는 혼자가 아니었다. 하늘을 가득 날고 있는 매미들. 그들은 숲으로 간다. 그리고 인간을 생각하면 웃음이 난다고 한다.

이 책에는 반복되는 의성어가 있다. 톡톡톡. 매번 페이지마다 끝부분에 '톡톡톡'이 등장하는데, 마지막 인간을 비웃는 장면에서도 '톡톡톡'으로 끝난다. 나는 이 '톡톡톡'이라는 소리가 인간을 비웃고 있는 매미의 웃음소리가 아닌가 싶었다. 정규직과 비정규직으로 나뉜 차별, 승진에 목숨 걸고 휴식시간조차 쪼이는 숨 막힘, 이유 없는 동료들의 괴롭힘 등. 어쩌면 매미는 이 모든 것을 묵묵히 견딘 것이 아니라 마지막에 하늘을 나는 자신의 모습을 이미 알고 있었기에 인간들의 이런 행동들을 비웃고 있던 게 아니었을까. 페이지마다 나왔던 정체 모를 '톡톡톡'이란 소리는 매미의 웃음소리였을 수도.

우리는 잘 알고 있다. 정규직, 비정규직이 개개인 능력의 차이라기보다 사회가 만든 불균형의 문제라는 것을. 능력이 비슷해도 누군가는 기회를 잡지 못해 비정규직이 될 수 있고, 심지어 드라마 〈직장의 신〉에서처럼 훌륭한 능력을 지니고도 자신의 선택으로 파견직이 되기도 한다. 인간의 본질에는 차이가 없다는 것을 매미는 말하고 싶었던 것인지도 모르겠다.

지금은 회사에 다니지 않는 대신 작은 도서관장으로 일하고 있는 중년으로서 열심히 일하는 청년들이 기특하다는 생각이 든다. 그 형태가 정규직이든 비정규직이든 상관없이 자신이 맡은 일에 최선을 다하는 그들이 아름다워 보인다. 이런 청년들의 모습이 이제 한창 자라는 어린아이들에게, 또 그 시기를 지나온 나이든 나 같은 사람들에게도 얼마나 많은 위안과 힘을 주는지 모른다.

　내가 대학교를 졸업하고 처음 일한 곳은 도서관이었다. 그런데 겨우 일 년만 일하고 일본으로 어학연수를 떠났다. 막 대학을 졸업한 새내기 직장인으로서 첫 사회생활은 이해하기 힘든 일 투성이였다. 그 당시 교사였던 아버지께서는 내게 "네가 막내일 테니 일찍 출근해서 청소도 좀 하고 그래라."라고 말씀하셨다. 하지만 나는 '청소하는 분들이 있는데 굳이 내가 할 필요가 있나?'라는 합리적 의문을 가졌다. 게다가 퇴근 전 쓰레기통 비우기, 커피잔 닦기 등 아주 사소한 일들은 돌아가면서 하는 게 공평한 것이라 생각했다.

　그러나 나는 입사 한 달도 채 되지 않아 지적을 받기 시작했다. 쓰레기통을 왜 비우지 않느냐, 커피잔을 잘 닦지 않느냐 등. 나는 다른 직원들과 돌아가면서 하는 일로 생각했는데, 그 일은 신입사원이 도맡아서 하는 경우가 대부분이었던 거다.

그뿐만이 아니었다. 지금도 많은 사람이 도서관에서 일한다고 하면 고상한 직업이라고 생각한다. 하지만 내가 그때 해야 했던 일 중 대부분의 일이 '복사'였다. 지금이야 복사기가 자동으로 되어 있어서 이용자들이 직접 하지만, 그 당시에는 돈을 받고 복사를 대신 해줘야 했다. 그럴 때마다 나는 '내가 이거 하려고 대학을 나오고 여기에 어렵게 입사했나?' 하는 생각을 참 많이 했다.

나는 일본 어학연수 후 도서관 관련 일은 아예 생각도 않고 지냈다. 대신 벤처 회사가 한창 붐일 당시 막 창업한 '마이클럽'이라는 여성 포털 회사를 시작으로 'SK 커뮤니케이션즈', 게임 회사인 '넥슨 재팬'에 들어가 열심히 일했다. 하지만 대학원을 다니면서 자연스레 회사를 그만두게 되었고, 또 육아에 집중하게 되면서 회사 일과는 완전히 멀어지게 되었다.

어느 날, 우리 동네 아파트 내 작은도서관에서 도서관장을 모집한다는 공고를 보고서야 잊고 있던 나의 전공과 짧았던 도서관 신입 시절이 떠올랐다. 그리고 그 시절의 힘겨웠던 일에 관해 조금은 생각을 달리하게 되었다. 회사에 갓 들어온 신입사원이 빠릿빠릿하게 움직이면서 쓰레기통을 비우고 커피잔 닦는 일쯤은 대수롭지 않다는 거. 남녀를 떠나서 말이다.

그 당시에는 도서관 직원들이 대부분 여자였기에 여자라서 커피잔을 닦는다는 분위기는 아니었다. 요즘에는 커피 타는 게 여자의 일이라는 고정관념이 없다. 내가 상사로 있을 때 거래처 손님이 오면 아랫사람인 남자 직원이 직접 커피를 타서 내오기도 하니까 말이다. 역지사지(易地思之)라고 그런 남자 직원을 보면서 고맙고 기특해 보였다. 또 그렇게 하기 싫었던 복사도 사람들에게 필요한 자료를 제공하는 하나의 방법이라고 생각하니 나 자신을 스스로 비하할 일도 아니었다.

스물넷, 도서관에서 일하던 그 시절에는 나밖에 보이지 않았다. 커피잔을 닦고, 쓰레기통을 비우고, 복사하는 나 자신이 너무나도 싫었다. 그러나 지금은 전구 하나를 갈아도 사람들이 환해졌다고 좋아하면 그저 기쁘다. 내가 하찮은 전구나 갈아야 하는지 신세 한탄을 하지 않는다.

현재 도서관장이지만 도서관이 작아 잡일부터 회계까지 정말 다양한 일을 하고 있다. 문헌정보학을 전공하고, 인터넷 회사에서 일했던 경험들이 지금 하는 일에 많은 도움이 된다. 무엇보다 사람들이 도서관에 올 때마다 관장이 바뀐 뒤부터 도서관이 좋아지고 있다는 칭찬을 아끼지 않는다. 작은 일이지만 사람들이 도서관과 친해지면 책을 더 많이 읽게 되고, 책 읽는 사람들의 인생에 변화가 생긴다면 내 역할이 결코 작은 것은 아니니라.

난 매미가 불쌍하다기보다 철학자라는 생각이 든다. 다른 차원에서 인간을 보고 재밌다고 생각한 게 아니었을까. 지금 하찮은 일을 한다고 그 사람의 존재마저 하찮은 게 아니라는 걸 매미가 말해주는 것 같다. 정규직, 비정규직이라는 제도적 차별이 있다고 하더라도 그 사람의 존재, 그 사람의 하는 일이 결코 폄하되어서는 안 된다고 생각한다. 그럼에도 불구하고 진짜 어른이 된다는 건 사회에서 직업을 갖기 위해 얼마나 치열하게 노력해야 하는지 깨닫게 되는 때일 것이다.

 〈매미〉

숀 탠 글·그림 | 2019 | 풀빛

호주 출신 작가인 숀 탠은 중국계 아버지와 아일랜드·영국계 오스트레일리아인 3세대 어머니 사이에서 출생한 배경 때문에 '이

민'을 주제로 다룬 작품인 〈도착〉으로 유명하다. 그러나 이 작품은 글이 없는 그림책으로, 작가의 뛰어난 상상력에 감탄하게 된다. 그 외에 〈빨간 나무〉, 〈여름의 규칙〉 등도 몽환적이고 창의적이다. 어쩌면 이런 상상력을 기반으로 매미가 보는 인간의 삶을 그린 작품 〈매미〉는 아주 현실적으로 보이지만 환상적인 마무리가 주는 여운이 크다.

집 때문에 일한다고요?
<나무에서 태어난 그러그>

뉴스를 검색하다 보면 하루도 거르지 않고 등장하는 단어가 있다. 바로 '집값'이다. 우리나라 사람들에게 내 집은 곧 재테크와 직결되기 때문이다. 그러다 보니 지금이 집을 살 때인가, 팔 때인가, 코로나바이러스 영향에도 끄떡없는 서울 집값, 내 집 마련은 언제쯤 가능한가 등의 이야기들이 끊임없이 쏟아져 나온다.

게다가 나이가 들수록 친구들 사이에서도 부동산은 중

요한 화제가 된다. 미혼일 때 먼저 결혼한 친구들이 모이면 늘 아파트 이야기만 하길래 '대학 다닐 때 우리 이런 얘기 안 했는데……'라고 생각하며 결혼하면 다들 속물처럼 변한다고 생각한 적도 있었다. 그런데 막상 결혼하고 아이를 키우면서 살아보니 '집'이 얼마나 중요한 문제인지를 깨닫게 되었다.

사실 어렸을 때는 몰랐다. '집'이라는 단어가 가지는 무게감을 말이다. 물론 어렸을 적 집 문제로 고생한 사람들도 많이 있겠지만, 집이란 전적으로 부모의 책임이기 때문에 어른이 느끼는 압박감과는 좀 다를 것으로 생각된다. 그러나 부모님과 한집에서 살다가 대학 때문에 어쩔 수 없이 집을 떠나 다른 지역으로 간다면, 취업을 지방에서 하게 된다면 우리는 주거에 대한 직접적인 문제에 부딪히게 된다.

아무리 혼자라도 인간에게는 내 한 몸 누일 공간이 필

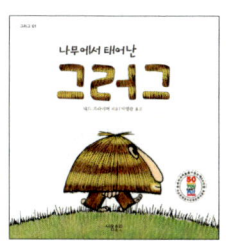

나무에서 태어난 그러그 ⓒ 테드 프라이어 글·그림, 2011, 세용출판

요하다. 부모 밑에 있던 어린 시절에는 몰랐지만, 부모 곁을 떠나 따로 생활하는 순간부터 집에 대해서 다시금 생각하게 된다. 전기세, 수도세, 가스비, 관리비 등 들어가는 비용도 많고, 또 관리할 일도 많다는 걸 몸소 깨닫게 된다.

무엇보다 결혼을 하고 아이를 키우게 되면 단순히 혼자 살 때와 달리 집은 정말 중요한 문제가 된다. 부모님이 물려주신 집이 있다면 걱정할 게 없지만, 오롯이 부부의 힘으로 집을 해결해야 하는 처지라면 일단 걱정이 앞서는 게 우리 현실이다. 더욱이 서울에서 내 집을 장만한다는 건 일반 서민에게는 어려운 일이 된 지 꽤 오래다. 또 부부 둘만 살다가 아이가 생기면 집은 단순히 주거를 위한 집이 아니라 어떤 학교와 가까운지 '학군'도 살펴봐야 한다.

이렇듯 집에 대해서 현실적으로 느끼게 되면 집값이 오르기 전 집을 사지 못한 자신의 무지함과 무능력에 한탄하게 된다. 물론 집이 소유의 개념이 아니라 렌트의 개념이고, 요즘 같은 세상에 굳이 집을 살 필요가 있냐는 말도 나오곤 한다. 그러나 월세나 전세를 경험하게 되면 내 이름으로 된 '내 집'이 얼마나 중요하고 절실한지 뼈저리게 실감한다.

결혼하고 남편과 이사에 관해 상의할 때 전세를 살아봤는데 좁더라도 본인의 집에서 살고 싶다는 남편의 말을 들으며 다시 한번 '내 집'의 의미에 대해 생각하게 되었다. 그렇다면 집이 가지는 의미는 무엇일까? '즐거운 곳에서는 날 오라 하여도, 내 쉴 곳은 작은 집 내 집뿐이리.'라는 가사처럼 안락함, 나를 비롯한 내 가족이 편히 쉴 수 있는 곳이 가장 큰 의미 아닐까.

〈그러그〉라는 그림책을 본 순간, 나는 집에 대해서 조금 다른 생각을 갖게 되었다. 호주의 국민 그림책이라 불리는 〈그러그〉 시리즈의 첫 번째 책 〈나무에서 태어난 그러그〉를 보다가 마지막 장을 보고는 빠져들어 그 자리에서 나머지 아홉 권의 책을 다 읽어버렸다. 나머지 책들도 궁금해서 아예 34권 세트를 해외직구로 구매했다.

〈나무에서 태어난 그러그〉라는 제목처럼 어느 날, 소철나무 꼭대기가 땅으로 툭 떨어져서 이파리가 변하더니 '그러그'가 되었다고 한다. 그러그는 나무에서 태어난 동물(?)인 셈이다. 그러그가 태어나자마자 제일 먼저 한 일은 집을 짓는 거였다. 나는 그 장면을 보면서 '그렇지, 살 집을 지어야지.'라고 당연하다는 듯 생각했다. 그런데 집을 다 짓고 나서 질문이 나온다. "이제 뭐가 더 필요할까요?" 집을 다 지었는데 뭐가 필요할까? 다음 장을 넘기자 '아!'라는 탄성이 절로 나왔다.

"바로 편지함(Mail box) 이랍니다!"

우리는 보통 집이라면 집 그 자체만 생각했던 것 같다. 외적으로 얼마나 근사하게 꾸미느냐, 내적으로는 안락함이 느껴지느냐, 오로지 '내 집'이란 관점에서만 생각했다. 그런데 집의 필수품이 편지함이라니. 물론 집마다 우편함이 다 있다. 그러나 만약에 내가 그러그처럼 혼자 집을 짓는다면 우편함을 생각했을까?

편지함이 갖는 중요한 의미는 외부와의 소통이라고 생각한다. 집은 고립을 위해 짓는 게 아니라 어쩌면 이웃, 바깥세상과 연결되는 역할을 하는 것인지도 모른다. 실제로 그러그는 이 편지함을 통해 악기를 받고, 선물도 받고, 외부 세계와 어떻게 연결되는지 잘 보여주고 있다.

집이란 가족을 위한 기능만 있는 게 아니다. 내 집이 되면 생활 장소로서 집을 고민하기도 하고, 투자 목적으로 생각하기도 한다. 하지만 집의 의미를 확장하게 한 〈나무에서 태어난 그러그〉는 나를 진짜 어른으로 만들어 준 그림책이 틀림없다.

〈그러그〉 시리즈는 이제 막 태어난 그러그가 아무 사전 정보 없이 세상과 접하는 내용이다. 우연히 놀이터에 가게 된 그러그. 하지만 놀이터가 어떤 곳인지 모르는 그러그는 그네를 타다 떨어지고, 미끄럼틀을 타다가 뒹굴면서 '놀이터는 위험한 곳'이라는 결론을 내린다. 크리스마스가 무슨 날인지 모른 채 맞이하지만, 친구들에게 선물을 주기 위해 쿠키를 굽는다. 태어나 처음으로 길을 잃고는 집이 얼마나 좋은지를 그러그는 깨닫게 된다.

〈그러그〉 시리즈는 1979년에 출간되어 현재 34권까지 이어져 오고 있는 호주의 국민 그림책이다. 작가 테드 프라이어의 단순한 그림과 문장으로 만들어진 그림책이지만 그 안에 들어 있는 위트와 깊이는 감탄을 자아낸다. 그러그처럼 집에 홀로 있는 당신도 우편함이 있는 한 누군가와는 연결되어 있기에 우리는 내 집을 마련하기 위해 오늘도 열심히 일하고 있는지도 모르겠다.

 〈나무에서 태어난 그러그〉

테드 프라이어 글 · 그림 | 2011 | 세용출판

삶의 모토가 '단순하게 살자'인 테드 프라이어답게 아주 간결하나 그 안에 유머와 위트, 지혜와 감동이 공존하는 책이다. 30년 전 오스트레일리아의 뉴사우스웨일스 북부의 작은 농장에 살면서 자신의 세 아이를 위해 책을 만들었다. 그는 살아오면서 가장 잘한 일이 세 아이의 아버지가 된 것이라고 한다. 1979년 첫 번째 책이 나온 뒤 현재까지 총 34권이 출간되었다. 각 권의 주제는 아이들이 태어나서 처음 세상을 접할 때 느끼는 상황과 마음들이 그려져 있어서 천진난만함과 순진무구함이 무척 매력적이다. 마치 소철나무에 다리가 달려 돌아다니는 듯한 모습은 보통 동물이 의인화되는 것과 달리 식물이 의인화된 것이 특징. 첫 권을 본다면 다음 권을 보지 않고는 견딜 수 없게 만드는 마성의 그림책이다.

스마트하게 일하고 돈을 번다는 것,
<서로 바꿔요!>

선원들의 속담 중 이런 말이 있다. "아직 잡히지 않은 물고기와는 아무것도 바꾸지 마라!" 이 글귀는 <서로 바꿔요!>라는 책을 펼치자마자 있는 면지에 쓰인 글귀이다. 나는 이 글귀 하나만으로도 이 그림책이 예사롭지 않다는 생각이 들었다. 어쩌면 우리는 잡히지 않은 물고기와 무언가를 바꾸는 실수를 하고 후회하고 있는 건 아닌지 하고.

낡은 배 한 척과 슬픈 얼굴의 친구가 한 명 있다. 낡은 배를 갖고 있으니 그 배로 물고기를 잡으러 나가지도 못한 채 무기력한 모습으로 앉아 있다. 친구의 옷이 낡아서 단추가 떨어지자 그때, 주인공은 좋은 생각이 떠올랐다며 그 단추 하나와 찻잔 세 개를 서로 맞바꾸자고 한다. 다시 찻잔 두 개를 밧줄 네 타래와 바꾸고, 밧줄 두 타래를 노 여섯 개와 바꾸고, 노 두 개를 깃발 네 개와 바꾸고, 깃발 한 개를 닻 세 개와 바꾸고……. 이렇게 바꾸다 보니 어떻게 되었을까? 새로운 배가 생겼고, 슬픈 친구는 행복한 친구로 바뀌어 있었다.

처음에는 '물물교환'을 알려주는 책인가 하는 궁금증이 일었다. 단순한 물물교환이라면 자기 것을 남의 것과 바꾸는 것인데, 어떻게 그것만으로 새로운 배가 생겼는지 궁금해지면서 책을 처음부터 다시 보기 시작했다. 그때 발견한 사실은 주인공은 절대 자신이 손해 보는 교환은 하지 않았으며, 심지어 자신에게 필요한 것은 남기고 나머지를 교환하는 아주 똑똑한 물물교환을 했다는 거다. 예를 들면 단추 하나와 찻잔 세 개를 바꾼 후에는 찻잔 하나는 남겨두고 남은 두 개를 밧줄 네 타래와 바꾸는 식이었다. 그래서 배를 만드는 데 필요한 것들을 모을 수 있었다.

물물교환이란 원시적 경제활동으로만 막연히 생각했는데, 여기서 중요한 건 자신에게 필요한 것은 남기고 나머지를 또 다른 필요한 것으로 바꾸는 것이다. 게다가 남는 것을 필요로 하는 사람을 찾아서 말이다. 나무를 묶어서 끌고 가야 하는 사람에게 필요한 밧줄을 주고 그 사람에게 남아도는 노를 바꿔온 것처럼 말이다.

이 책을 읽다 보면 과거의 물물교환에 관해 이야기하고 있는 듯하지만, 현대의 경제에 대해서도 한 번쯤 생각하게 된다. 우리는 어렸을 때부터 '열심히 공부해라.' 하는 소리를 들으면서 자랐다. 학업에 매진하는 게 학생의 본분이라 생각하며 학창 시절을 보내고, 사회에 나와서는 열심히 일하며 월급 받는 것이 보통 사람들의 경제적 활동이라고 생각한다.

그런데 나이가 들수록 월급만으로 돈을 모으기 어렵다는 현실을 깨닫게 된다. 서울 집값은 월급쟁이가 평생을 모아도 살 수 없을 정도로 천정부지로 치솟고 있다. 그런 와중에 열심히 일하는 것만으로는 돈을 모을 수 없다는 현실에 직면하면서 각종 재테크에 관심을 가진다. 부동산, 주식은 물론 최근에는 비트코인 등이 단순히 열심히 일해서 돈 버는 것 이상으로 돈을 모을 수 있게 할 거라는 생각을 하게 만든다.

노동만이 돈을 벌게 하는 유일한 길이 아님을 깨닫는 게 어쩌면 어른이 되어 간다는 소리가 아닐까. 요즘에는 초등학생들도 꿈이 '건물주'라는 얘기를 하고, 실제로 유튜브를 통해 여섯 살 아이가 강남 건물을 샀다는 이야기가 한동안 회자되기도 했다. 우리는 부를 축적한 사람을 볼 때 머리가 뛰어나게 좋거나 운이 좋았다는 생각을 한다. 그러나 〈서로 바꿔요!〉라는 책을 보니 주어진 환경에서 열심히 일한 것뿐 아니라 자신의 주변 환경을 살피고 또 주변 사람들이 필요로 하는 걸 미리 생각하는 것도 돈을 벌게 하는 능력이 아닐까 싶었다.

우리는 단순히 물건에만 비용을 쓰는 건 아니다. 눈에 보이지 않는 '수수료'라는 게 있다. 은행 거래에도, 콘서트 입장권을 예매할 때도, 부동산 거래에도 수수료를 낸다.

또 온라인으로 물건을 주문할 때는 '배송료'를 내기도 한다. 이뿐 아니라 요즘 젊은이들은 이모티콘, 게임 아이템 등에 돈을 내는 것도 익숙하다.

지금은 경제 발달로 인해 그 옛날 물물교환 시대에서는 생각지도 못할 무형의 서비스에 돈을 쓰는 시대가 되었다. 이런 시대에 '아직 잡히지 않은 물고기와는 아무것도 바꾸지 마라.'라는 말은, '아직 손에 들어오지 않은 물건에는 돈을 내지 마라.'로 바꾸어야 하는 게 아닐까. 그러나 우리는 예약을 하거나 예매를 하고 비용을 지불한다. 물물교환이 아닌 화폐로 물건을 소유하기에 내 손에 들어올 물건에 '계약금'이란 약간의 돈을 내고 자신의 소유권을 예정하게 된다. 단순히 물건을 교환하는 시대를 벗어나 훨씬 더 복잡해진 시대에 우리는 살고 있다.

이뿐만이 아니다. 내가 글을 쓰고 있는 지금 전 세계는 코로나바이러스로 인한 팬데믹(pandemic) 상황이다. 게다가 급속도로 퍼지는 코로나바이러스로 각국의 경제적

타격은 상상을 초월하고 있다. 자영업자는 물론 대기업들도 현 상황에 맞춰 사업 계획을 재정비하고 있다. 그런데 이 와중에 불타나게 팔리는 것이 있으니 그건 다름 아닌 마스크다.

코로나바이러스가 유행하기 전에는 천 원 정도 하던 마스크가 지금은 몇십 배나 올라 몇만 원을 주고 사야 하는 '금(金) 마스크'가 되었다. 줄 서서 마스크를 사야 한다는 걸 상상이나 했을까. 언제 끝날지 모르는 이 상황에서 우리는 계속해서 금 마스크를 사야 할지도 모르겠다.

물건과 물건을 교환하던 시대가 지나고 이제는 '돈'으로 모든 물건을 사는 시대다. 사람들은 자신이 원하는 걸 사기 위해 돈을 모으기 시작했고, 그러기 위해서는 열심히 일하는 것만이 최선이라고 생각했다. 그러나 돈을 모으는 방법이 딱 한 가지만 있는 게 아니라는 걸 알게 될 때 우리는 진정한 어른이 됐다고 말할 수 있지 않을까. 스마트하게 일하고 돈 번다는 게 어떤 의미인지 스스로 생각하고 행동하는 것 또한 진짜 어른이 되는 과정이 아닐까 싶다.

 〈서로 바꿔요!〉

스티브 라이트 글·그림 | 2016 | 도미솔

이렇게 경제를 은유적으로 얘기한 책이 있다니 그저 놀라울 뿐이다. 나 역시 이 그림책을 보기 전까지는 물물교환이 아주 원시적인 방법인 줄 알았는데, 글만이 아니라 그림책의 묘미인 그림을 보며 영리한 물물교환이 무엇인지 알게 되었다. 이 그림책은 시작부터 끝까지 주인공 이외의 사람들도 열심히 무언가를 교환하고 있다. 그림이 세밀하면서도 재미있는 스티브 라이트의 최신작으로 〈뚝딱뚝딱 우당탕탕 지금은 공사중!〉이 있다.

사랑하고 싶은 나에게

사랑받고 싶은 당신에게,
<우리는 당신에 대해 조금 알고 있습니다>

나는 한때 이 세상에서 가장 중요한 건 사랑이라고 생각한 '사랑 지상주의자'였다. 나의 사랑을 찾기 위해, 그리고 그 사랑을 유지하기 위해 나의 모든 걸 바칠 수 있다고 생각했다. 그렇게 사랑에 자신만만했던 나는, 첫 번째 결혼이 끝나면서 사랑과 인생 모두에 실패한 실패자라 생각하며 좌절했다.

모든 것이 완벽해 보였던 전 남편과의 관계를 정리하면

우리는 당신에 대해 조금 알고 있습니다
ⓒ 권정민 글·그림, 2019, 문학동네

서 나는, 그동안 내가 믿었던 '사랑'이 무엇인지에 대해 고민하기 시작했다. 남편을 만나 연애하고 결혼해서 함께 사는 동안 내가 남편을 사랑한다는 것에 아무런 의심도 없었는데, 어느 날 갑자기 사랑이 바닥났다는 생각이 들었다. '믿음, 소망, 사랑 중에서 사랑이 제일'이라는 말도 있지 않은가. 그렇게 한 치의 의심도 없던 사랑이 변한다는 것은 내게 크나큰 충격이었다. 왜 평생 사랑하면서 살 수 없는 걸까. 아니 다른 사람들은 다 사랑을 등진다 해도 나는 사랑만 믿고 살 자신이 있다고 생각했는데…….

 사랑이 문제가 아니라 결혼이 문제라고 생각했다. 결혼은 인생의 무덤이라는 말도 있지 않은가. 그러니 결혼 말고 사랑만 한다면 그 사랑이 영원할 거로 생각했다. 그래서 한동안 목마른 사람처럼 급하게 다른 사랑을 찾았다. 누군가를 만나고 싶었고 또 만났다. 다시 찾아온 사랑이라고 생각했다. 그러나 그 사랑도 끝났고, 왜 이렇게 사랑이 내 손에 잡히지 않는지 괴로웠다. 분명히 나는 그 사람을 사랑했는데 말이다.

 찬찬히 생각해보니 '모든 해답은 내 안에 있다.'는 결론에 도달했다. '내가 얼마나 그 사람을 사랑했는데…….'라는 바로 그 지점이었다. 나는 최선을 다해 그 사람을 사랑하는 것만 생각했고, 정작 사랑받고 싶은 나 자신은 전혀 보지 못했던 거다. 내가 사랑하면 상대방도 날 사랑하겠지, 나에게 잘해 주겠지, 라고 막연한 기대를 하면서 그저 상대방에게만 최선을 다해 노력했다. 내가 노력한 만큼 사랑은 돌아오는 것이라고 믿은 채 말이다. 그러나 현실은 그렇지 않았다. 인간은 사랑을 받은 만큼 돌려주는 존재이기보다는 사랑을 받고 잊어버리기도 하는 존재였다.

나는 비슷한 패턴의 사랑을 반복했다. 나는 사랑했지만 상대방이 날 사랑하지 않는다는 사실을 깨닫고 이별하는 식이었다. 그래서 나는 나의 솔직한 마음 즉, 사랑받고 싶다는 마음을 인정하기로 했다. 나는 내 안에서 사랑이 샘솟는 성인(聖人)이 아니었으며, 또 누군가가 자신을 희생하면서 나를 사랑하지 않을 거라는 걸 알게 되었다. 사랑의 이상적인 모습이란 현실에 존재하지 않고, 그 이상적인 사랑을 추구하다가 나만 상처받는다는 사실도 깨달았다.

대부분 사람은 '사랑받으려고 하는 것' 자체가 자신만 생각하는 이기심이며, 진정 바라는 것 없이 타인을 사랑하는 게 진짜 사랑이라고 얘기한다. 그러나 이 얘기가 증명하는 것은, 사람들은 모두 사랑받기를 원하는 존재라는 것이다. 흔히 '사랑을 받아본 사람만이 사랑을 줄 수 있다.'는 말도 나 자신이 얼마나 사랑받기를 원하는지 알아야 진정 다른 사람을 사랑할 수 있다는 말일 게다.

사랑하면 할수록 외로워진다고 한다. 이 외로움의 이유도 간단하다. 사랑하는 마음이 부족해서가 아니라 '내가 지금 사랑받지 못해서'이기 때문일 수도 있다. 그러나 사랑받지 못해서 외롭다는 것은 어른스럽지 않은 마음 같아서 인정하지 못하는 경우가 대부분이다. 마치 어른이라면 사랑받지 못해도 외롭지 않을 '강인함'이 있어야 한다고 생각하기 때문일까.

하지만 나의 경우 나 자신이 사랑받고 싶은 나약한 존재라는 사실을 인정하고 난 뒤부터 마음이 편해지면서 지금의 남편을 만날 수 있었다. 한발 더 나아가 내가 남편에게 무엇인가를 해줘야만 사랑받을 수 있다는 생각으로부터 자유로워질 때 남편의 사랑에 감사할 수 있었다. 그전에는 '내가 이렇게 잘해줬는데 이 정도도 못 해줘?'라는 생각만으로 상대방을 자주 밀어붙이고는 했으니까. 나는 수많은 시행착오를 통해 깨달을 수 있었다. 내 존재만으로도 충분히 사랑받을 수 있다는 사실부터 깨닫는 게 진짜 어른이 하는 사랑의 시작이라는 사실을 말이다.

〈우리는 당신에 대해 조금 알고 있습니다〉 그림책의 주인공은 '식물'이다. 사실 이 책을 읽기 전까지 내 주변에 식물이 그리 많다고는 생각하지 못했다. 그러나 우리네 삶 가까이에는 무수히 많은 식물이 있다. 회사 사무실 정수기 옆에 한 자리를 차지하고 있고, 카페 장식용으로, 요가 수련원에, 심지어 쇼윈도에도 있다. 또 식물은 리본에 묶인 채 각종 행사에 선물로 보내진다(식물들은 이런 걸 싫어하는지 찡그린 얼굴로 행사장 앞에 서 있다).

그러나 그 흔한 식물조차도 돌보는 사람이 없으면 말라가고, 심지어 주인을 잃고 버려지기도 한다. 그런데 그 버려진 식물을 그냥 지나치지 못하고 가져다 정성을 쏟는 사람이 있다. 말라가는 식물에 사랑을 주고 정성을 쏟아 베란다의 좋은 자리에 놓아준다. 앞으로 그 식물 주인과 잘 지내자는 인사를 하는 것으로 이야기는 끝난다.

사실 식물은 아무것도 하지 않는다고 생각하지만 많은 사람을 지켜보고 있고, 또 가까운 사람들을 지켜보고 있다는 설정이 너무 사랑스럽게 느껴졌다. 게다가 이 책을 읽으면서 '조금 말고 많이 알아 달라.'고 어리광부리는 내 마음을 발견할 수 있었다. 우리는 살면서 주변에 '아무도 없다.'라는 생각을 자주 한다. 날 도와주는 사람도, 사랑해주는 사람도, 배려해주는 사람 하나 없다고 말이다.

그런데 〈우리는 당신에 대해 조금 알고 있습니다〉를 읽고 나니 미처 의식하지 못한 '내 주변의 식물마저 날 지켜보고 있었구나.' 하는 생각을 하게 되었고, 나를 생각하고 사랑하는 많은 사람이 내 곁에 있다는 걸 알게 되었다. 그래서 이제는 좀 더 가까이에서 나를 더 많이 알아달라고 어리광부리고 싶은 마음이 들었던 게 아닐까.

오즈의 마법사에서 오즈가 심장을 가지지 못한 양철 인간에게 심장을 주자, 기뻐하는 양철 인간에게 이렇게 말한다.

"세상의 평가는 얼마나 사랑하는가에 있는 게 아니라 얼마나 사랑받는가에 있다."

사랑을 주는 것만 생각하지 말고 받는 것도 생각하라는 이 조언은, 사랑 또한 희생이고 헌신이며, 타인을 위한 것만이 아니라 내가 더 행복하기 위해 사랑하고 사랑받고 싶어 하는 마음을 인정하라는 뜻이리라. 사랑 지상주의자였던 내가 진정 원하는 것이 '사랑받는 것'이라는 사실을 깨닫고 나서야 사랑 때문에 웃을 수 있었고, 다른 사람의 사랑에 대한 감사함도 알게 되었다.

〈우리는 당신에 대해 조금 알고 있습니다〉

권정민 글 · 그림 | 2019 | 문학동네

도시 개발로 집이 없어진 멧돼지들이 집을 찾아 떠돌다가 인간들이 사는 아파트로 들어가 인간을 내쫓는 〈지혜로운 멧돼지를 위한 지침서〉로 첫 그림책을 쓴 권정민 작가의 두 번째 책으로, 식물이 주인공이다. 이곳저곳을 떠돌다 한 가정에 정착하게 되는 식물의 이야기는, 전작과 비슷하면서도 동물과 식물의 시선으로 바라보는 인간의 모습을 통해 비판의식과 함께 따뜻한 애정이 느껴지는 재밌고도 아름다운 그림책이다.

어떤 인생을 사는가에 따라 사랑도 달라질까?
<신데룰라>

　새엄마와 못된 두 언니 밑에서 고생하며 살다가 왕자님을 만나서 행복하게 살았다는 '신데렐라'는 전 세계 남녀노소가 다 아는 아주 유명한 이야기다. 또 그 '신데렐라'에서 파생된 '신데렐라 콤플렉스' 역시 많이 알려져 있다. 남자 잘 만나 평생 남자에게 의존해 살려는 여자들의 나약한 마음을 꼬집은 말이다. <신데룰라>는 '신데렐라', '신데렐라 콤플렉스' 두 가지 이야기를 동시에 담고 있는 책이다.

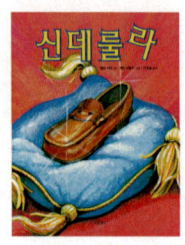

신데룰라 ⓒ 엘렌 잭슨 글, 케빈 오말러 그림, 2014, 보물창고

표지 그림을 보면 고급스러운 쿠션 위에 유리 구두 대신에 단화가 놓여 있다.

책 표지를 넘기면 두 여자의 이야기가 동시에 시작된다. 한 여자는 우리가 다 아는 신데렐라 이야기이고, 다른 여자는 신데렐라 이웃에 사는 신데룰라 이야기다. 신데렐라와 똑같은 가정환경에서 사는 신데룰라. 그녀에게도 새

엄마와 못된 두 명의 새언니가 있다. 다만 신데렐라가 마지못해 일하고 밤이면 잿더미 속에 앉아 슬픔에 빠져있다면, 신데룰라는 16가지의 참치 전골 레시피를 외우거나 돈을 받고 이웃집 잔디를 깎고 새장을 청소해 주는 등 자신의 의지로 일을 한다.

그러던 어느 날, 무도회가 열린다고 하자 신데렐라는 요정 할머니의 도움을 받아 드레스를 입고 무도회에 간다. 그에 반해 신데룰라는 자신이 직접 번 돈으로 드레스를 사 입은 뒤 버스를 타고 무도회에 간다. 신데렐라는 무도회장에서 왕자를 만나 춤을 추었고, 왕자가 따분하다고 생각하던 신데룰라는 왕자의 동생을 만나 즐겁게 대화를 나누고 흥겹게 춤을 춘다. 밤 열두 시가 되자 신데렐라는 마법이 사라질까 봐, 신데룰라는 버스가 끊길까 봐 급히 뛰쳐나오는 바람에 구두를 잃어버린다.

두 왕자는 각각 구두를 들고 신데렐라와 신데룰라를 찾아 나선다. 그리고 신부를 찾아 결혼한다. 그러나 이것으로 이야기가 끝나는 게 아니다. 신데렐라는 온종일 왕국 행사에 참여하다가 저녁이면 난롯가에 앉아 졸면서 잘생긴 왕자의 따분한 이야기를 듣는 삶을 사는 반면, 신데룰라는 동생 왕자와 함께 오두막에서 태양열을 공부하며 밤이 되면 즐거운 대화를 나누었다고 한다. 그리고 던지는 마지막 질문, "누가 더 행복하게 살았을까요?"

단순하게 보면 신데렐라보다 신데룰라가 더 행복하게 살았다고 단정 지을 수 있다. 그러나 어른이 돼서 다시금 생각해보니 과연 신데룰라가 더 행복했을까, 하는 의심이 들었다. 우리가 살아보니 인생이 그렇게 단순하지 않으니까 말이다. 〈신데룰라〉에서 같은 환경이지만 서로 다른 방법을 산 신데렐라와 신데룰라. 만약 그 두 사람이 서로 다른 사람이 아니라 한 사람이었다면 신데렐라처럼 살 수도 있고, 신데룰라처럼 살 수도 있지 않았을까. 게다가 신데렐라는 남자에 의존하는 약하고 자기 생각이 없는 여자이고, 신데룰라는 독립심 강한 여자라는 극단적 평가를 하는 것도 성급하다는 생각이 든다. 신데렐라와 신데룰라는 왕자와의 '결혼'을 선택했다. 다만 어떤 결혼 생활을 선택했느냐가 다를 뿐이었다.

    나는 이 부분이 무엇보다 중요하다는 생각이 들었다. 나의 경험상 결혼하고 못 하고의 의미를 더 크게 생각한다면 어떤 남자와 결혼해야겠다는 생각은 절대 하지 못한다. 그 이유는 결혼 생활은 거기서 거기이고, 결혼하지 않는 것이 진정한 자유를 누리며 사는 거라는 이분법적 논리에 갇혀 있기 때문이다. 내가 그랬듯이 말이다.
    무엇보다 결혼한다는 전제로 어떻게 결혼 생활을 해나갈 것인지에 대해 생각해보는 것, 내 인생을 한 단계 업그레이드시키는 방법이 아닐까 싶다. 여자가 독립적으로 산다는 건 결혼하지 않는다는 게 아니라 어떤 사람을 만나서 어떤 가정을 꾸리고 그 안에서 어떻게 살지를 고민한다는 의미이기도 할 테니까.

나는 굳이 신데렐라와 신데룰라를 비교하고 싶지 않다. 또 어떤 사람이 더 낫다고도 말하고 싶지 않다. 나뿐만 아니라 많은 여자가 신데렐라와 신데룰라를 오가며 살고 있을 거로 생각하니까. 나는 나 자신의 첫 번째 결혼과 두 번째 결혼을 비교하며 같은 사람이 어떤 선택으로 다른 인생을 살 수 있는지 경험하고 있다.

직접 경험해보니 어떤 인생이 더 낫다고는 감히 말할 수 없을 것 같다. 다만 순간의 선택들이 모여서 지금의 결과를 가져오지 않았을까 하는 생각만 들 뿐이다. 물론 어떤 사랑을 선택하느냐에 따라 인생이 달라지는 것은 두말할 필요도 없다. 그래서 세상에는 신데렐라나 신데룰라처럼 혹은 독신으로 사는 다양한 여자들이 공존하고 있다. 그녀들이 어떤 인생을 살 건 행복하기를 바랄 뿐이다.

 〈신데룰라〉

엘렌 잭슨 글 | 케빈 오말러 그림 | 2014 | 보물창고

신데렐라 이야기는 전 세계에 오백 개쯤 있다고 한다. 그만큼 시대와 문화에 상관없이 고생하던 여자가 왕자와 결혼해서 행복하게 산다는 이야기는 여자들의 심리를 제대로 반영한 이야기임에 분명하다. 그러나 이런 꿈만 꾸는 여자만 있다는 게 아니라는 것을 보여주듯 같은 환경에 살던 〈신데룰라〉라는 인물의 이야기를 함께 보여주는 이 책은, 미혼의 여성이라면 자신의 결혼에 대해 생각해보며 꼭 읽어보라고 권하고 싶다.

세상 사람들에게 묻고 싶은 질문,
<사랑한다는 걸 어떻게 알까요?>

만약 누가 나에게 '사랑한다는 걸 어떻게 알까요?'라고 물으면 어떻게 답할까. '사랑이 뭘까요?'라는 질문에는 왠지 답할 수 있을 것 같은데, '사랑한다는 걸 어떻게 알까요?'라는 질문에는 답하기가 어려울 것 같다. 나도 다른 사람에게 묻고 싶다. 다들 어떻게 사랑을 알아차릴까? 이런 의문으로 시작되는 그림책이 바로 <사랑한다는 걸 어떻게 알까요?>이다.

사랑한다는 걸 어떻게 알까요?
ⓒ 린 핀덴베르흐 글, 카티예 페르메이레 그림, 2018, 고래이야기

사랑에 관한 책은 정말 많다. 또 사랑의 '정의(定義)'에 대해 생각할 거리를 던져주는 책도 많다. 하지만 실제로 사랑한다는 걸 어떻게 알 수 있는지에 대해 고민거리를 던져주는 책은 쉽게 볼 수가 없다. 그래서 '사랑'에 관해 얘기할 때면, 앞으로 얘기할 기회가 주어진다면 이 책을 꼭 소개하고 싶었다.

'해마다 그랬듯이 올해도 세상에 있는 모든 것과 모든 사람이 언덕 위로 모여듭니다.'라는 문장으로 시작하는 이 책은, 해마다 코끼리가 풀지 못하는 어려운 문제를 모두 모여 함께 풀기 위해서 세상의 모든 것과 모든 사람이 언덕 위에 모인다. 그중 개미는 예전부터 늘 높은 지위에 있고 싶었는데 드디어 그 소원을 이루게 되었다. 오늘 모임의 회장이 되었기 때문이다. 그리고 거북이는 아내가 아파서 참석하지 못한다고 했다.

 개미는 언덕에 모인 각각의 동물과 사람들에게 사랑한다는 걸 어떻게 아는지 묻자, 제각각 아름답고 재미있고 감동적인 대답들을 내놓는다. 백설 공주는 왕자와 입맞춤을 할 때 모든 괴로움을 잊게 된다고 하고, 탐험가는 사랑을 찾아다니지만 아직 사랑하는 사람을 만난 적 없다고 한다. 태양은 지쳐 있을 때 달님이 와서 일을 대신해 줄 때, 할머니는 세상을 떠난 영감을 생각하며 시를 읽는 때라고 한다.

 그렇게 모든 동물과 사람들의 답을 기록하던 개미는,

속으로 '바보 같은 소리, 다 쓸데없는 소리'라고 생각한다. 언덕 위에서의 모임이 모두 끝나고 자신의 일터로 향하던 개미는, 오늘의 회의록을 거북이에게 보여주기 위해서 잠시 거북이 집에 들렀다. 거북이는 아픈 아내를 위해 끓인 차가 있으니 개미에게 마시고 가라고 하지만 시간이 없다고 거절하고 집을 나오는 순간, 개미는 알 수 없는 외로움을 느끼며 이야기는 끝난다.

나는 이 마지막 장면을 보고 '사랑한다는 걸 어떻게 알까요?'라는 질문의 답을 찾을 수 있었다. 그건 바로 '아픈 사람 옆에 있어 주는 것'이었다. 거북이는 세상 모든 동물과 사람이 모이는, 일 년에 한 번 있는 그 자리에 아내가 아파서 참석하지 못했다. 어찌 보면 굉장히 중요한 자리일 수 있는데, 아픈 아내 옆을 지키기 위해 참석하지 않았던 거다.

반면, 개미는 회의의 시작부터 끝까지 '어떻게 사랑을 아는지'에 대해서는 관심이 없었다. 오늘 회장이 되었다는 사실이 기뻤고, 회의를 빨리 진행하려고 했으며, 회의가 끝나자마자 일터로 향했다. 사랑에 관한 이야기를 들어도 꿈쩍 안 하던 개미는, 거북이네 집에 들른 후 마음의 변화가 일어난다. 그것도 거북이가 건넨 차 한잔을 거절한 후에 말이다.

사람들이 아무리 사랑에 대해 떠들어도 아무렇지도 않던 개미가, 아픈 아내를 지키던 거북이의 따뜻한 차 한잔 마시고 가라는 말에 그때까지 생각하지 못했던 외로움이 물밀 듯 몰려온 게 아니었을까. 일만 중요하게 여기던 개미가 막상 아프게 되면 누가 자신을 위해 차 한잔 끓여줄 수 있을까 생각하게 된 계기였을지도 모른다.

나는 이 원고를 쓰던 중에 몸 상태가 좋지 않아 병원에 가서 대장내시경 검사를 받았다. 내시경이 끝나고 잠에 취해 누워 있는 동안 의사가 남편에게 나의 상태에 대해 말해준 모양이었다. 정신을 차리고 일어난 내게 남편은 금방이라도 눈물을 터트릴 듯한 얼굴로 이렇게 말했다.

"당신, 심각하대."

그 순간 나는 아무것도 생각나지 않았다. 다만, 속이 좀 좋지 않아 검사를 받은 것뿐이라고 생각했는데……. 조직 검사와 유전자 검사가 필요하다는 의사의 진단에 따라 검사 예약을 한 뒤 남편과 함께 집으로 돌아왔다. 그때부터 남편은 날 대신해 살림과 육아를 병행하기 시작했다.

작은 사업을 하는 남편은 코로나로 인해 등교하지 않는 아이를 데리고 회사로 출근, 사무실에서 온라인 수업을 시킨다. 집에 돌아와서는 식사를 준비하고 청소와 빨래 등 집안일을 한다. 내게는 그저 푹 쉬고 하루라도 빨리 건강을 회복했으면 좋겠다면서. 그리고 혹시 모를 진단 결과에 대비해 유명하다는 병원을 알아보고 예약도 해둔 상태다.

부부가 되어 함께 살아간다는 건 같이 늙어가는 것도 포함된 일이라는 걸 실감했다. 흔히 말하는 '검은 머리가 파뿌리 되도록 기쁠 때나 슬플 때나 함께 한다.'는 말이 어려운 일인지 알기에 얼마나 감사한 일인지도 잘 안다. 지금까지 건강한 부부로 함께 딸을 키우며 참 많이도 즐겁고 행복했다. 이제 나는 아픈 아내가 되었지만 그래도 행복하다. 지금 내게 '사랑한다는 걸 어떻게 알까요?'라고 묻는다면 '아플 때 옆에 있어 주는 것'이라고 대답할 것이다. 그리고 개미 같은 사람이 있다면 따뜻한 차 한잔을 건네고 싶다. 나의 건강이 회복되고 코로나 사태도 종식되면 남편과 함께 여행을 떠나고 싶다. 이 책을 들고서 말이다.

 〈사랑한다는 걸 어떻게 알까요?〉

린 핀덴베르흐 글 | 카티예 페르메이레 그림 | 2018 | 고래이야기

벨기에 그림책인 이 책의 원제는 〈de vraag van olifant〉, 한국

어로 번역하면 '코끼리의 질문'이다. 코끼리의 '사랑한다는 걸 어떻게 알까요?'라는 질문에 각각의 동물과 사람들이 답하는 내용이다. 무엇보다 몽환적인 북유럽 감성의 그림이 아름답다. 첫 페이지부터 마지막 페이지까지 빠지지 않고 등장하는 곡예사는, 마치 서커스 공연을 보는 것처럼 묘기를 보여주거나 춤을 보여준다. 회의가 끝나고 다들 짝을 지어 돌아가는데 개미만 바삐 일하고 있는 모습은, 사랑을 모른 채 일에만 매달리고 있는 인간의 모습을 빗댄 것 같다.

새로 시작하는 나에게

그토록 새로 시작하고 싶은 것은 무엇?
<새로운 시작>

많은 사람의 오늘은 어제와 별반 다르지 않다. 똑같은 시간에 일어나서 씻고 간단하게 아침을 먹은 뒤 회사로 향한다. 회사에서도 어제와 별반 다르지 않게 일한다. 오후에는 가끔 연락하던 친구가 와서 무슨 일 없냐고 묻는다. 아무 일도 없다고 대답하면서 '제발 무슨 일이 있었으면 좋겠다.'라고 생각한다. 우리는 가끔 익숙한 삶에서 벗어나 새로 시작하고 싶은 생각에 사로잡힌다. 혹은 부족한

새로운 시작 ⓒ 파울라 카르바예이라 글, 존야 다노프스키 그림,
2013, 노란상상

자신에게 새로운 시작이 있었으면 하고 갈망하기도 한다. 그 새로운 시작은 로또에 당첨되는 것일 수도 있고, 새로운 사람을 만나 결혼을 할 수도 있다. 또 해외 생활을 위해 떠나는 경우일 수도 있다. 이렇듯 사람마다 꿈꾸는 각자의 '새로운 시작'이 있지 않을까.

처음 〈새로운 시작〉이라는 제목에 이끌려 이 그림책을

보게 되었다. 책 표지에는 아이의 발과 그 앞에 있는 작은 웅덩이, 공 하나가 그려져 있다. 마치 그 공을 있는 힘껏 찬다면 새로운 시작이 되는 것처럼. 그렇다면 지금 내 앞에도 공이 하나 놓여 있는 건 아닐까.

나는 늘 새로운 시작을 꿈꿨던 것 같다. 대학을 졸업한 후로는 한 곳에 일 년 이상 머물지 않았으니까. 서울, 인천, 대전 등 전국으로 이사한 것만도 수십 번이고, 일본이나 호주 등 해외로도 많이 돌아다녔다. 물론 사이사이에 결혼하고, 이혼하고, 재혼도 했다. 그 무수한 변화들이 어쩌면 내가 새로운 시작을 꿈꿨던 산 증거가 아니었을까.

요즘 하는 말로 치면 평생을 '자유로운 영혼'으로 살고 싶었던 듯하다. 하지만 그 무수한 시도 속에서 진짜 새로운 시작이 되었던 건 무엇이었을까? 일생일대의 중요한 일인 결혼도, 이혼도, 재혼도 겪고 나니 새로운 시작이라고 하기엔 역부족인 느낌이다. 아마도 변하기 어려웠던 건 나 자신일 수도 있었으리라.

이 책은 '마침내 전쟁이 끝났어.'라는 문장으로 시작된다. 나는 한 개인의 새로운 시작을 생각하며 책을 펼쳤는데, 내 예상과 달리 난데없는 전쟁 이야기라 조금은 당황스러웠다. 하지만 전쟁이 끝난 후에 시작되는 이야기가 흥미로웠다. 책에 등장하는 가족은 전쟁이 끝났지만 돌아갈 집이 없어서 차에서 생활하게 된다.

나는 전쟁을 겪은 세대가 아니기에 한국전쟁에 관해서는 영화나 다큐멘터리, 외조부모 혹은 부모님을 통해 듣고 본 게 전부다. 그래서 전쟁 후의 삶에 대해 잘 알지 못한다. 전쟁으로 삶의 터전과 집을 잃은 사람들이 어떻게 살아왔고 버텨냈는지를. 정작 우리는 전쟁을 겪은 부모 세대의 자식이면서 말이다.

하루는 아버지로부터 전쟁 이야기를 듣게 되었다. 모든 집에 불을 지르고 퇴거하란 명령이 내려졌을 때 마지막까지 기다리다 할아버지를 만났다고 했다. 만약 아버지가 그때 할아버지를 만나지 못했다면 아버지는 이미 이 세상을 떠났고, 내가 태어나지 못했을 거란 생각이 그때 들었다.

한편, 차에서 생활하기 시작한 가족들. 입고 있는 옷이 낡아서 더는 못 입게 되자 아빠는 빨랫감이 줄었다며 긍정적으로 얘기해준다. 어떨 때는 옷을 입은 채로 강물에 들어갔다가 양지바른 곳에 누워 몸을 말리기도 한다. 아빠는 부정보다는 긍정, 절망보다 희망을 얘기하고 싶지만, 차 주변은 온통 깨진 유리조각과 잿더미뿐. 모든 것이 폐허로 변한 도시가 그림책에 자세히 그려져 있다.

이런 상황에서 한 아이가 놀이를 시작한다. 가족에서 아이들로 옮겨간 시선. 그다음 날엔 어떤 아이가 웃음을 터트렸다고 하고, 어떤 날은 요리사 아저씨가 해주는 요리 이야기를 들으며 아이들은 배고픔을 잊었다고 한다. 마지막 장면은 '새로운 시작'을 축하하는 파티처럼 놀고 있는 아이들로 끝난다.

단순히 한 개인의 새로운 시작을 상상하며 들춰봤던

이 그림책의 마지막 장면에서 나는 숙연해지고 말았다. 그것은 이 책에서 주는 전쟁에 대한 '반전'의 메시지 때문만은 아니었다. 전쟁을 소재로 했지만, 전쟁 후 폐허가 된 도시에서 새로운 시작이 아이들의 '놀이'라는 대목에서 남의 나라 전쟁 이야기가 아니라 일상에서 아이를 키우고 있는 '내 이야기'가 되었기 때문이다.

전쟁이 끝나고 난 뒤 어른들은 어땠을까. 삶의 터전을 잃고 보살펴야 하는 아이들도 있었으니 근심과 고통의 나날이었을 것이다. 이런 어려운 시절 속에서 '새로운 시작'이 되었던 것은 이 책처럼 아이들의 작은 놀이가 아니었을까. 아이들의 작은 놀이가 웃음을 되찾게 하고, 그 아이들의 웃음이 어른들에게 다시 살아갈 힘을 주었을 것이다.

막상 아이를 키워보니 아이라고 어른의 어려운 상황을 전혀 모를 거로 생각하지 않는다. 어린아이도 자신의 상황이 어떤지를 느낌으로 알 수 있다. 신기하게도 아이들은 거창한 장난감이 없어도 주변의 물건들로 금방 놀이를 시작하는 힘이 있다. 그런데 그 놀이는 어른들이 보기엔 단순한 놀이지만 아이들에겐 살아가는 힘이 될 터. 전쟁 후 폐허가 된 터전에서 아이들은 살아갈 힘을 '놀이'에서 찾았던 거다. 그리고 그 속에서 웃는 아이들의 웃음은 진짜 '새로운 시작'을 알리는 웃음이 되었을 것이다.

 새로운 시작을 꿈꾸던 나는, 마흔셋이라는 나이에 첫 아이를 키우며 새로운 시작을 경험했다. 마흔 넘게 살면서 많은 경험을 했다고 생각했지만, 아이와 함께 만난 세상은 정말 새로운 세상이었다. 아이가 없을 때는 눈에 보이지 않던 집안의 날카로운 모서리, 눈에 들어오지 않던 기저귀 광고, 전혀 와 닿지 않던 보험 광고, 관심 없던 노란 셔틀버스. 아예 쳐다보지도 않던 상가 건물의 학원 등. 같은 나라, 같은 시간대에 살고 있던 게 맞나 싶을 정도로 그야말로 별천지가 따로 없었다.
 이 책을 보면서 다시 한번 느끼게 됐다. 일상에서도, 전쟁통에서도 아이들은 언제나 새로운 시작을 할 수 있다는 것을. 진짜 어른이 되기 위한 새로운 시작은 아이를 키우는 일이 아닐까 하는 생각을 하게 된다. 아마 아이가 있는 사람들은 모두 이 말에 공감하리라 생각한다. 그 무엇을 상상하든 그 이상의 일들은 매트릭스가 아니라 '육아'에서 경험하게 된다. 어른으로 성장하는 많은 기회를 부여받는 셈이다.

 〈새로운 시작〉

파울라 카르바예이라 글 | 존야 다노프스키 그림 | 2013 | 노란상상

스페인 작가 파울라 카르바예이라의 〈새로운 시작〉은 전쟁으로 인해 폐허가 된 도시에서 다시 살려는 사람들의 이야기를 담고

있다. 남미의 홈 리스, 뉴욕의 홈 리스들이 전쟁의 참전군이었다는 사실을 아는 사람은 몇이나 될까. 전쟁은 대량 살상과 자원의 파괴, 삶의 터전을 파괴하는 등 큰 폐해도 남기지만, 전쟁 후에도 사람들을 황폐하게 만든다. 많은 나라가 전쟁 참전군들이 돌아왔을 때 다시 사회에 참여할 수 있게끔 도와주지 않고 그냥 방치해 그들을 홈 리스로 만든 게 그 예다. 생각해 보면 자신의 직업을 갖고 미래를 위해 한창 일할 나이에 전쟁을 겪었으니 어떤 대비를 할 수 있었을까.

나는 이 책이 전쟁만이 아니라 전쟁 후 다시 시작하는 것이 얼마나 어려운 일인지를 '새로운 시작'이란 제목으로 얘기한 것 같아서 의미 깊게 느껴졌다. 비록 나 개인의 새로운 시작을 먼저 생각하긴 했지만, 전쟁이 인류에게 준 피해가 얼마나 큰지 알게 되었다. '반전'이란 큰 메시지를 아이들의 시선으로 정말 잘 담고 있는 책이다.

하루하루가 모여 인생이 된다,
<빨간 나무>

'때로는 하루가 시작되어도 아무런 희망이 보이지 않는 날이 있습니다.'

숀 탠의 <빨간 나무>는 주인공이 침대에서 홀로 앉아 있는 그림과 함께 시작한다. 나는 첫 문장부터 마치 블랙홀에 빠져들 듯 빨려 들어갔다. 다음 페이지에는 '모든 것이 점점 더 나빠지기만 합니다.'라는 문장과 함께 주인공이 어두운 나뭇잎으로 가득 차 있는 방을 나오려고 한다.

세상은 귀머거리 기계로 더는 자신의 말이 들리지 않는다. 아무리 기다려도 달라지는 건 없고, 끔찍한 운명은 피할 수 없으며, 자신이 누구인지 어디 있는지조차 모른다.

절망과 비관의 날들이 계속 이어지다가 주인공은 집으로 다시 돌아온다. 그런데 다시 돌아온 집에는 빨간 나무가 아주 크게 자라고 있는 게 아닌가. '밝고 빛나는 모습으로, 내가 바라던 바로 그 모습으로.' 마지막 문장을 보면서 나도 모르게 가슴이 벅차올랐다. 지금까지의 어둠과 걱정, 불안 등이 이젠 밝고 빛나는 모습으로, 게다가 내가 바라는 모습으로 자란다고 하니 말이다.

우리는 오늘과 다른 내일이 오지 않을 거로 생각할 때가 많다. 당장 오늘이 너무 힘들고 고통스럽기에 더 나은 내일도, 희망도 없다고 생각한다. 나는 꽤 오랫동안 연애와 결혼 관련한 강의와 상담을 진행했다. 그 일을 하다 보니 자신의 미래를 의심하는 사람이 많다는 걸 알 수 있었다.

빨간 나무 ⓒ 숀 탠 글·그림, 2019, 풀빛

"제가 좋은 남자를 만날 수 있을까요?"

"제가 결혼할 수 있을까요?"

"제가 행복해질 수 있을까요?"

사람들은 이런 마음속 의문들에 대해 스스로 답을 하지 못한 채 나에게 묻곤 했다. 그때마다 나는 자신 있게 대답했다. 당신은 좋은 남자를 만날 수 있고, 원하는 결혼을 할 수 있으며, 행복해질 수 있다고. 내가 이렇게 확신에 찬 대답을 한 이유는, '희망이 있다.'라고 믿는 것부터가 시작이기 때문이다.

내가 그랬다. 막 이혼했을 무렵 나는 실패한 인생이라 생각했고, 다시는 결혼 따위 하지 않겠다고 결심했다. 그런데 나는 사랑을 위해 다시금 노력했고, 재혼했다. 아버지가 돌아가셨을 때도 두 번 다시 슬픔에서 빠져나오지 못할 것 같았다. 다만 언젠가는 슬픔이 옅어지겠지, 하고 생각했다. 아버지가 돌아가시고 5년째 되던 아버지 기일, 출가한 친한 친구를 만나 제사를 지내고는 아버지를 많이 잊을 수 있었다. '회복 탄력성'이란 말이 있듯이 사람은 희망의 방향으로 나가려는 힘이 있는 게 아닌가 싶었다.

쉽사리 희망을 품지 못하는 경우는 자신의 실패가 반복되거나 그 횟수가 많다고 생각할 때다. 가령 백 군데도 넘게 입사 지원서를 냈는데 취직을 못 했다거나, 재수를 했는데도 성적이 잘 안 나왔다거나, 연애는 여러 번 했는데 결혼으로 이어지지 못했거나 하는 등등. 그러나 대부분 일은 앞의 일과 상관없이 독립적으로 일어난다. 다만 한 번, 두 번 면접에서 떨어지면 제각각 독립적인 일임에도 불구하고 세 번째 회사에서도 떨어지지 않을까 지레짐작으로 포기하게 되는 경우가 허다하다. 너무 당연한 얘기지만 성공할 때까지 시도해 보는 게 가장 최선일 때가 많다.

'왜 만나는 남자마다 헤어질까?' 하고 고민하는 여자들의 얘기를 들어보면 많은 남자와 헤어지는 게 자신의 잘못이라고 생각하는 경우가 대부분이다. 그런데 이 경우는 정확히 두 가지로 나뉜다. 첫째는 진짜 여자에게 문제가 있어서 남자와 헤어지는 경우, 둘째는 헤어질 만한 남자였다는 것이다.

단순히 횟수만으로 스스로 선택을 망설이는 경우도 있다. 한번 이혼을 했으니 두 번 다시 이혼하고 싶지 않아 폭력 남편을 견디며 사는 것과 비슷하다고 할 수 있다. 현재 만나고 있는 남자가 제대로 된 남자인지 살펴보는 것보다 헤어짐의 횟수를 생각하느라 불행한 시간을 보내고 있는 것도 이와 마찬가지다. 이혼을 두 번이나 했다고, 연애횟수가 많다고 앞으로 행복하지 말란 법은 없다. 그 사실에 스스로가 위축되지만 않는다면 말이다.

절망적인 상황을 말하고 있는 이 책의 각 페이지에는 희망을 상징하는 '빨간 나뭇잎' 한 장이 숨겨져 있다. 페이지마다 숨겨진 빨간 나뭇잎을 찾다 보면 절망의 상황에서도 아주 작은 희망이 있다는 걸 실감하게 된다. 온통 잿빛 페이지 속 한쪽 구석에서 빛나고 있는 빨간 나뭇잎이 하나하나 모여서 빨간 나무가 되는 것이다. 빨간 나뭇잎은 어떤 페이지에서는 아주 쉽게 찾을 수 있지만, 어떤 페이지에서는 찾기가 무척 어렵다. 그러나 빨간 나뭇잎은 반드시 있다. 마치 불행과 절망 속에서도 희망이 있다는 것을 말하듯이.

우리는 백 퍼센트의 절망, 백 퍼센트의 희망이 아니라

구십구 퍼센트의 절망, 일 퍼센트의 희망이기에 그 희망을 보지 못하는 건 아닌지 모르겠다. 그렇다면 어디에나 숨어 있는 일 퍼센트의 희망을 끊임없이 생각한다면 그 희망은 커질 수밖에 없다. 희망은 처음부터 존재하는 게 아니라 아주 작은 것부터 키워야 한다. 눈에 보이지 않아도, 내가 찾지 못해도 내 주위에는 작은 희망이 있고, 언젠가 그 작은 희망들이 모여 새로운 시작이 된다. 방문을 열어젖히고 기뻐서 웃음 짓는 주인공의 표정을 한참 바라보다 책장을 덮었다. 나의 새로운 시작을 기원하며.

〈빨간 나무〉

숀 탠 글·그림 | 2019 | 풀빛

홀로 배를 타고 물 위에 동동 떠 있는 주인공은 배 아래의 빨간 나뭇잎을 바라보고 있다. 이 오묘한 분위기의 그림은 자연인지 상상인지 구분이 안 될 만큼 아주 비현실적으로 보이지만 결코 낯설지가 않다. 이런 독특한 그림은 작가 숀 탠의 독창적인 특징이라고 할 수 있다. 호주 출신 작가 숀 탠은 애니메이션 〈월-E〉와 〈호튼〉의 콘셉트 디자이너로 일한 적이 있는 비주얼 아티스트로, 자신의 작품 〈잃어버린 것〉으로 아카데미상까지 받은 영화제작자이기도 하다.

숀 탠의 그림은 서정적이면서도 SF 요소가 짙은 그림이 신기하게도 서로 조화를 이룬다. 그래서 많은 팬을 확보하고 있으며, 올해 우리나라 백희나 작가가 수상한 어린이 도서 노벨문학상이라 할 수 있는 아스트리드 린드그렌 기념상을 2011년에 수상했다.

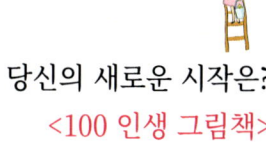

당신의 새로운 시작은?
<100 인생 그림책>

만약 누군가 "당신은 인생에서 무엇을 배우셨나요?"라고 묻는다면 무엇이라 대답하겠는가? <100 인생 그림책>의 저자는 세계를 돌아다니며 이 질문을 남녀노소에게 했다고 한다. 그리고 그때 들은 대답들을 1번부터 100번까지 번호를 매겨 한 권의 책을 완성했다. 우리나라 제목은 <100 인생 그림책>이라서 백 권의 그림책을 소개하는 책으로 오해하는 분들이 많은데, 이 책의 원서 제목은 독일

100 인생 그림책 ⓒ 하이케 팔러 글, 발레리오 비달리 그림, 2019, 사계절

어로 〈'Hunder t: was du im leben lernen wirst〉로 한국말로 직역하면 '100 : 인생에서 배운 것'이라고 할 수 있다.

이 책의 특징이자 가장 큰 매력은 인생에서 배운 백 가지이지만, 그 백의 순서는 나이이다. 즉 0세부터 백 세까지 삶에서 배우는 내용이 쓰여 있다.

"0 난생 처음 네가 웃었지

널 보는 이도 마주 웃었고."

이렇게 0세가 시작된다. 그리고 이 책의 재미는 숫자가 0부터 100까지 일정하게 쓰여 있지 않다. 0 다음은 1/2이기도 하고, 또 1 다음은 1과 1/2이 되기도 한다. 마치 어렸을 때 많은 것을 배우는 것처럼 말이다. 그러다가 46이 되면 47이 한꺼번에 쓰여 있다. "46 누군가를 떠나보내는 게 어떤 기분인지 이제야 제대로 배우고 있다."라는 문장과 47이라는 숫자도 함께 쓰여 있다. 마치 나이가 들면 시간이 빨리 가는 것처럼 말이다. 아마 두 해 동안 슬픔에 잠기며 배우게 되는 건 아닐까.

이 책은 처음부터 끝까지 읽어도 좋지만 자기 나이부터 골라 읽는 재미가 있다. 또 나이 구성 때문에 모든 사람이 부담 없이 읽을 수도 있다. 여덟 살인 우리 아이부터 일흔의 할아버지 할머니까지도 자신의 페이지가 이 책에는 있다. 그리고 모두 이 책을 보면 흥미로워한다. 자기 나이를 찾아 읽고 나면 우리 남편, 우리 딸, 우리 부모님 나이도 찾아보게 된다. 그렇게 찾아본 글귀를 통해 친구와 가족을 떠올리며 조금은 더 그들을 이해하기도 한다.

 실은 이 원고를 쓰고 있는 나는, 암 진단을 받은 지 일주일 정도 지난 상태다. 공교롭게도 '새로운 시작'에 관한 두 권의 책 원고는 다 쓴 상태이고, 마지막으로 어떤 책을 쓸 것인지 고민하던 중이었다. 새로운 시작과 희망적인 내용의 책을 찾아볼까 아니면 자신의 편견을 깨고 앞으로 나가는 용기에 관한 책을 찾아볼까 하던 중이었다.

 그런데 막상 암 진단을 받고 보니 새로운 시작이 가지는 의미가 아주 폭넓게 느껴졌다. 새로운 시작이라면 누구나 다 긍정적으로 생각하지만, 좋지 않은 쪽으로의 새로운 시작도 있을 수 있다는 생각도 들었다. 첫 번째는 전쟁을 겪고 난 후 새로운 시작을 꾀하는 사람들의 이야기로, 새로이 시작하고 싶은 사람들이 용기를 내면 좋겠다 생각했다. 두 번째는 빨간 나무를 통해 우리가 보지 못하는 희망이 우리 주변에 꼭 있다는 것을 말하고 싶었다. 뜻밖의 진단을 받고 보니 이 두 이야기가 내게 무엇보다 필요한 얘기라는 걸 깨달았다. 암에 걸린 내게도 인생의 또 다른 '새로운 시작'이 기다리고 있다는 생각도 불현듯 들었다.

도서관장 일, 각종 강연과 상담, 육아까지 피곤을 참으면서 열심히 뛰어다녔더니 몸에 무리가 온 것 같다. 이제 잠시 쉬어가라는 뜻이라 여겼다. 내게 새로운 시작은 '치료와 휴식'이 된 셈이다. 이런저런 내 얘기를 하면서 떠오른 책이 바로 이 책이다. 탄생부터 죽음까지 이야기하는 이 책이야말로 새로운 시작을 얘기하기에 안성맞춤이란 생각이 들었다. 인생은 나이마다 배우는 게 있다. 세월이 흘러감에 따라 끊임없이 새로운 걸 배우는 게 되는 인생.

암 진단을 받고 가장 먼저 느낀 것은, '나는 외롭지 않다.'라는 사실이다. 나보다 나를 더 걱정해서 동분서주하는 남편을 보면서 마음이 든든해졌고, 소식을 알게 된 지인과 친구들은 아직 어린 우리 아이를 생각해서 아이를 봐

주겠다고 얘기해주었다. 날 끌어주고 밀어주는 사람들이 내 주변에 많다는 걸 알게 되었고, 그로 인해 나는 새로운 시작을 할 수 있다는 생각을 하게 되었다.

인생에는 기쁨과 행복만이 있는 게 아니다. 슬픔과 불행도 반드시 찾아온다. 다만 슬픔과 불행의 시간을 어떻게 견디느냐에 따라 그 이후의 인생이 달라질 것이다. 그렇다면 이 책의 마지막인 백 세에는 무엇을 배웠을까. 그 마지막은 이곳에서 얘기하지 않겠다. 책에서 직접 찾아보기를 권한다. 그리고 이 책은 혼자만 보지 말고 주변의 가족, 친구, 아이와 함께 읽으면서 잠깐이라도 대화를 나눌 수 있기 바란다.

원고를 마무리하면서 나도 깨달은 것이 있다. 새로운 시작은 결코 혼자 할 수 없다는 것. 주변의 도움이 있어야만 새로운 시작을 할 수 있다. 과거에 내가 누군가의 시작의 조력자였다면, 이제는 내가 그 도움을 받는 사람이 되기로 했다. 우리 모두 그렇게 조력자도 되기도 하고 도움도 받으며 늘 새로운 시작을 하는 게 아닐까.

　나는 지금 암에 걸리지 않았으면 더 좋았을 것이라는 생각도 한다. 그러나 암에 걸린 나 자신의 인생도 사랑하려고 한다. 지금 가장 중요한 건 나 자신을 더 사랑하고 챙겨야 한다는 것이다. 그래서 이 책이 출간되어 독자들이 읽을 때쯤에는 건강하게 독자들과 만나고 싶다. 그리고 우리 함께 '내가 인생에서 배운 것들'에 대해 길고 긴 이야기를 나누고 싶다.

〈100 인생 그림책〉

하이케 팔러 글 | 발레리오 비달리 그림 | 2019 | 사계절

보통 사람들은 책은 혼자 읽는 것으로 안다. 그리고 보통의 독서토론은 각자 책을 읽어온 상태에서 하게 되어 있다. 그러나 그림책은 그 자리에서 읽으며 생각을 나눌 수 있다는 아주 큰 매력이 있다. 특히 이 책은 사람들이 함께 읽고 대화하는데 더할 나위 없는 책이다. 이 책이 남의 이야기가 아니라 바로 나의 이야기이기 때문이다. 스물다섯엔 사랑이 영원할 줄 알지만, 스물여덟엔 작별선물을 받기도 한다. 서른셋에 아이를 키우면서 잠이 모자라도 버티는 법을 배우게 되고, 서른넷에는 정신없이 뛰노는 아이들 옆에 앉아 차를 마시며 어른이 되었다고 생각한다. 함께 읽을 수 있는 책으로 더할 나위 없는 책. 그리고 이 책으로 인해 혼자가 아님을 느낄 수 있다면 이 책이 주는 가장 근사한 선물이리라.

나를 위한 그림책

초판 1쇄 | 2020년 9월 20일
지은이 | 임리나

펴낸곳 | 싱글북스
발행인 | 문선영
주소 | 서울특별시 중구 을지로 14길 20, 5층 출판그룹 한국전자도서출판
홈페이지 | www.koreaebooks.com / www.singlebooks.co.kr
이메일 | contact@koreaebooks.com
전화 | 1600-2591
팩스 | 0507-517-0001
원고투고 | edit@koreaebooks.com
출판등록 | 제2017-000078호

ISBN 979-11-966766-6-7 (03810)

Copyright 2020 임리나, 싱글북스 All rights reserved.

본 책 내용의 전부 또는 일부를 재사용하려면 목적여하를 불문하고 반드시 출판사의 서면동의를 사전에 받아야 합니다. 위반 시 민·형사상 처벌을 받을 수 있습니다.
잘못된 책은 구입처에서 바꿔드립니다. 저자와의 협의 하에 인지는 생략합니다.
책값은 본 책의 뒷표지 바코드 부분에 있습니다.

싱글북스는 출판그룹 한국전자도서출판의 출판브랜드입니다.